The Complete Guide To Touching Movies

泣ける映画大全

大友しゅうま

KADOKAWA

泣ける映画大全　もくじ

PART 3 涙が止まらない 悲しい映画

編集・構成　株式会社クリエイティブ・スイート
DTP　冨永恭章、Jane Lauren（C-S）
本文デザイン　廣瀬梨江
装丁デザイン　有限会社ハイヴ
編集　大賀愛理沙（KADOKAWA）

PART

1

心が揺さぶられる感動映画

最強のふたり

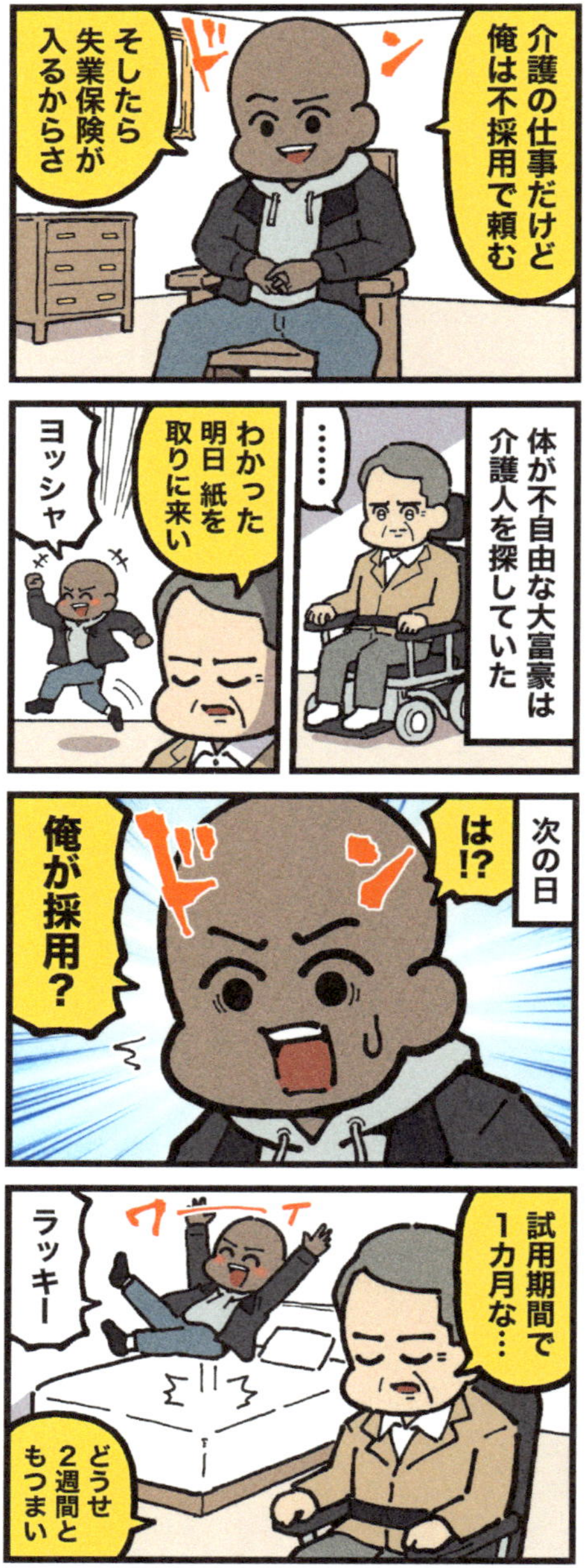
介護の仕事だけど
俺は不採用で頼む
ドン
そしたら
失業保険が
入るからさ
体が不自由な大富豪は
介護人を探していた
……
わかった
明日 紙を
取りに来い
ヨッシャ
次の日
は!?
ドン
俺が採用?
試用期間で
1カ月な…
ワーイ
ラッキー
どうせ
2週間と
もつまい

友情
★★★★★

男にストッキング履かすなんざ嫌だ
うげ〜
履かないと血行が終わる
介護用の車に乗せてくれ
嫌だ!!
ドン
こっちのカッコいい車にしようぜ
まったく…
エンジン音スゲ〜!!
……
ふふ…
あ…またいる
家の前に勝手に駐車する奴が…
路駐
あ!?
ここは駐車禁止だうせやがれ
ガッ
ひぃ
この男…なかなか見込みがある

真逆の2人に芽生える友情。

くわしくは
16ページへ
<<<

英国王のスピーチ

泣ける
★★★★☆

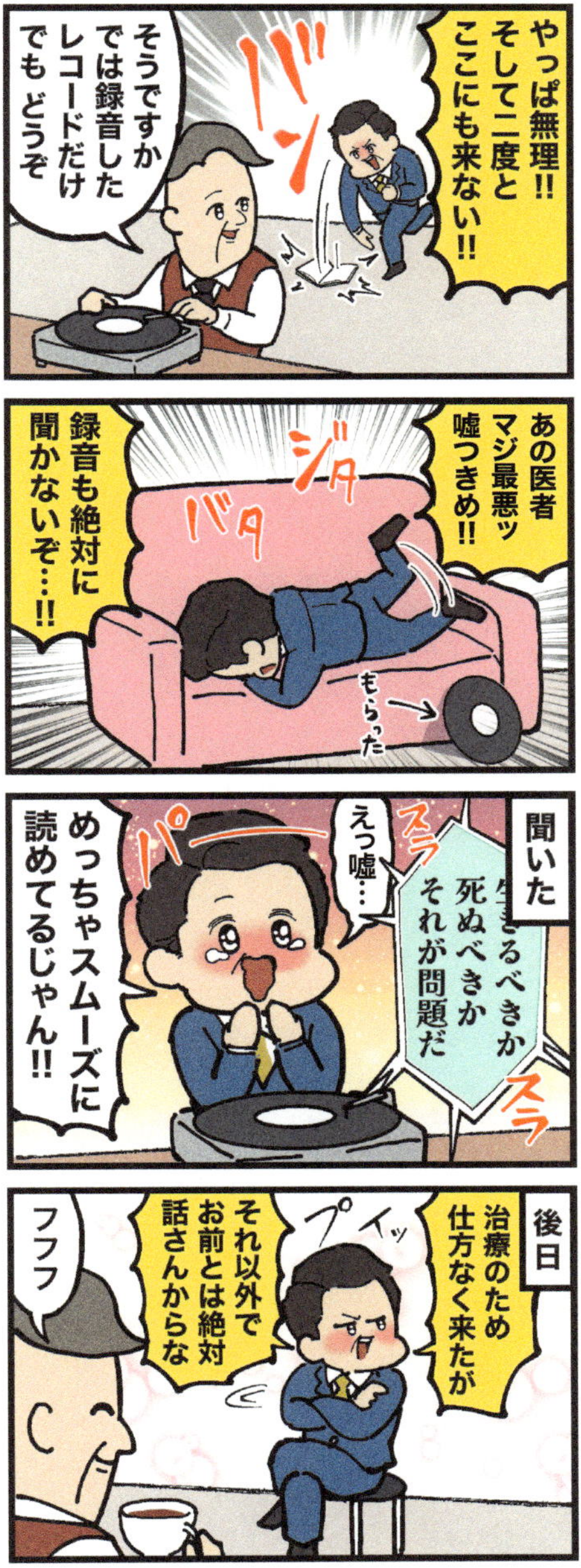

一歩前進。

くわしくは
17ページへ
<<<

天使にラブ・ソングを…

クラブで歌手として働いていた彼女は
えッ
ガチャ
バン
あ
偶然 マフィアの殺人現場を見てしまう
見られたからには始末しろ
ダッ
うわぁぁぁあ
警察署
殺しを目撃してヤバいの
何!?
その証言があれば奴を捕まえられる!!
裁判の日まで匿《かくま》ってやる!!
ヨシッ
ホッ…
この閉鎖寸前の修道院でな!!
ドン
はぁ~!? 絶対嫌だ

胸アツ ★★★★★

こうして彼女のシスター生活が始まった
飯はまずいし外には出れんしマジ最悪ッ!!
文句を言わない!!
それに聖歌隊は壊滅的に下手ッ!!
おぉ〜マリアァ
プロの歌手として聞いてらんねぇ!!
ある晩 修道院を抜け出したことが院長にバレる
あなたって人は…
そうだいいことを思いついたわ
え？
聖歌隊に入り指導しなさい
ドン
プロでしょ
はぁ〜!?!?なんで私が

そして修道院に革命を起こす！

くわしくは
18ページへ
<<<

フィーリング・スルー

ホームレスの青年は泊まる場所を探していた
どうしよ…
ん？
なんだ？あの人…
”盲目で耳も聞こえません“
”助けをくれる人は肩をたたいて“
盲目で耳もきこえません
え……
目も耳も——!?
……
あの〜…
あッ声じゃダメなんだ
ポン
!
スッ
うぉ!?
バッ
カキ
カキ
スッ
バス停に行きたい
バス停に行きたいのか

ほっこり
★★★★★

彼との出会いが
青年の人生を変える。

くわしくは
19ページへ

正反対の2人は、最強で最高の相棒！

『最強のふたり』

友情

★★★★★

発売・販売元：ギャガ

じつは僕、この映画の初見は作業用BGMとして見て、勧めてくれた父親にめちゃくちゃ怒られたんですよね。「映画への冒瀆《ぼうとく》だ！」って勢いで（笑）。

当時はなんでそんなに怒ったのかわからなかったんですけど、映画紹介の漫画を描くときに再度見返して、父親が怒った理由がよくわかりました。こんなにすばらしい作品をBGM代わりにするなんて、失礼にもほどがありました。これは「ながら見」をしていいような作品じゃないと断言できます。ぜひ集中して見てほしい！

僕の好きなシーンのなかに、「まさに真の男友達じゃん！　これこそ親友じゃん！」と感じる部分があって。いろんな意味でここではいえないので、ぜひ見て、「ここのことか～」と思ってください（笑）。

主人公2人が徐々に親友になっていく過程を、障害者と介護人の健常者、白人と黒人、富豪と貧民という正反対の関係だからこそできるシチュエーションで、コミカルに描写してくれるところが見どころ！　心情描写がとても丁寧で、視聴者の心に訴えてくるアツいモノがあるんです。これが泣けちゃうんですよねぇ。友情はいいなぁって思います。

吃音症を抱える王様は、親近感が湧くヒーロー

『英国王のスピーチ』

泣ける

★★★★☆

発売・販売元：ギャガ

この映画を見始めて、第一の感想は「王様めっちゃかわいい！」でした。というのも、一国の王なのにすごく親近感が湧くんです。国民の前で吃音症が出ないかと緊張しながらもマイクの前に立つ姿を見て、どこか幼い頃の自分を重ね合わせてしまいました。

スケールは違うんですが、小学生のとき、黒板の前で発表するドキドキ感を思い出します。誰しもそういう経験があると思うので、とても感情移入しやすいですし、素直に「頑張れ！」と応援できる映画です。

そして逆に、「頑張れ！」と背中を押してくれる映画でもあります。吃音症と戦う王の姿を見ていると、悩みやコンプレックスに立ち向かう勇気をもらえました。くわしくはいえませんが、ラストシーンは涙なしでは見られません。必見です！

また、一緒に病気に立ち向かってくれる医師と友情が芽生えていく過程もアツいですね。ひょっとすると王には、どんなに頭のキレる医者よりも心許せる友人が必要だったのかもしれません。医師であり友人であるライオネルは、王にとっては大きな存在だったのだと思います。2人は親友ですね。憧れるなぁ。

歌のパワーで革命を！元気をもらえる名作コメディ

『天使にラブ・ソングを…』

胸アツ

★★★★★

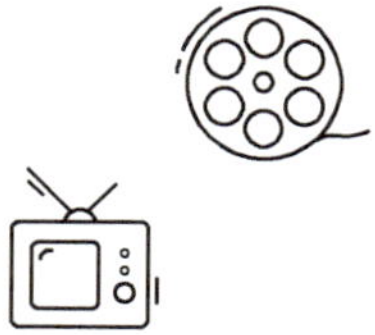

この作品を通しで見る前にも、聖歌隊で歌っているシーンは見たことあったのですが、改めて見てみると、「こんな設定だったんだ。おもしろ！」と衝撃を受けましたね。まさか、殺人現場を目撃するところからストーリーが始まるなんて想像もしないじゃないですか。

好きなシーンは、内気で引っ込み思案な若いシスターが主人公のデロリスに勇気やパワーをもらって、自分自身を歌で爆発させる場面ですね。まさに「覚醒」するシーンで、胸アツ！　歌もとってもうまい。

あと、作中でほほえましかったのは、おしとやかな修道院のシスターたちが、徐々に主人公に影響を受けて変わっていく様子。そして、最終的に音楽に体を委ねて楽しそうに踊っている姿ですね。

じつは僕、『天使にラブ・ソングを2』もすごく好きでして。1、2セットで推しなんで、1を見たら2もぜひ見てほしいですね。

2のほうは、音楽の力で学校にいる不良の生徒たちを更生させて、バラバラだった彼らを団結させる話です。日本の人気ドラマ諸々にも通ずる話なので、世代の人にはめっちゃ刺さるんじゃないかなと思います（笑）。

自身最大のヒット漫画！ ショート映画の最高傑作『フィーリング・スルー』

ほっこり

★★★★★

@ 2020 DOUG ROLAND FILMS INC.

この作品は、わずか18分のショート映画です。タイムパフォーマンスに敏感な最近の若者にはもってこいの作品。18分に感動がギュッと詰まっています。

一度見た映画を見返すことがあまりない僕が、4、5回は見ました。「すぐ見られるよ！」と勧めやすいところも、この作品のいいところだと思います。

主演に盲《もう》ろう者の俳優さんを起用した点には、とても驚きました。だからこそ、リアルで繊細な演技ができるのだなと。

日常のなかで、この話のように道がわからない人を助けるみたいな、見逃しがちな優しさってたくさんあると思うんですよ。でもその優しさに救われる人って多くいますし、僕がその立場だったらとてもうれしいです。そういう些細《ささい》な優しさの幸せ、大切さに気づかされた作品だと思っています。

そしてこの作品は、僕がXに投稿した映画紹介漫画のなかでもトップレベルでバズりました。狙《ねら》ったわけでなく、自分が本気で人に勧めたいと思ってつくったものに、多くの人が関心をもってくれたら、漫画家冥利《みょうり》につきます！ この活動を続けていきたいと思ったきっかけの作品なので、とても思い入れは強いですね。

オペラ座の怪人

このオペラ座には幽霊が出る!!
ドン
こんな所で私はもう歌わないッ
わがまま歌姫
大事な主役が!!
ならこの子を代役にしては?
そんな小娘に主役が務まるか!?
コーラスガール
アホか
務まった
初舞台は大盛況
彼女は昔好きだった幼馴染《おさななじみ》!!
まさに運命
オペラ座のスポンサー貴族
彼からデート誘われちゃった…
どうしよう…
無礼な奴め…
誰!?
君は私の宝物
ドン
誰にも奪わせない
この声は!?

目を奪われる ★★★★☆

美しくも悲しい
愛の物語が始まる。

孤児だった幼い私に
歌を教えてくれた音楽の天使!?
先生…
トクン
私のところへおいで――
スッ
君には歌ってほしい私のために♪
ドン
地下にこんな空間が
ドキ
ドキ
彼女が消えた!?
怪人からの脅迫状が!!
何!?
「今後は彼女を主役にしろ」
「逆らえば災難が降りかかる」…!?
ゴゴゴ
彼女のこと大好きかよ!?
フフフ
絶対に渡さん
オペラ座の怪人厄介すぎるッ

くわしくは
30ページへ
<<<

グリーンブック

演奏おつかれ ほらケンタ 食えよ
(ピアニスト)
食べたことない 遠慮する
マジか!? いいから 食えって
フォークも 皿もないのに どうやって?
手だよ 手!!
キリッ
不衛生だ
うるせぇ かぶりつけ
なんと 野蛮な…
まぁ一口 くらい…
サク
うっ… うまいッ!!!
ジュワ〜
口のなかが 脂で大洪水だ——!!!
ところで骨は どうすれば?
はぁ? そんなもん…

友情
★★★★☆

プラはダメ。

くわしくは
31 ページへ
<<<

こうすんだ!!
ポイ
これがルール
はっはっは
これは愉快
ポイ
だろ?
このカップも…
こうだッ!!!
ポイ
ガッハッハ
最高だろ?
……
ダメだ
え?
なんで
いいから
拾いなさい
お、
おう…
ベチャ

リメンバー・ミー

僕も彼みたいなミュージシャンになりたいけど
憧れの人
うちは音楽禁止…
（隠れ家）
先祖が音楽家を目指し家族を置いて出てったのが原因だ
先祖の写真
ペラ
あれ!? この写真隠されてる部分があるッ
続きが
このギターは…憧れの人のと同じ!?
ヤバッ
ってことは僕の先祖だったんだ
先祖は音楽家なんでしょ!? なら僕もなる
何ッ!?
音楽はダメーッ
僕のギターが

おもしろさ
★★★★★

さぁ一緒にご飯食べよ
おいで
ダダッ
こんな家族もう嫌だーッ
少年は先祖の墓に行き彼のギターを借りようとする——
僕にはギターが必要なんだ
いいよね家族だし
結果「呪われた」
体が透けてる!?
何コレ!?
それに幽霊も見えるッ!?
怖
そして少年は元の姿に戻るため
ドーン
死者の国へ先祖を探す旅に出る

魂《こころ》に響く家族の物語。

くわしくは
32ページへ
<<<

R《アール》R《アール》R《アール》

村の娘が英国軍に拐《さら》われた
彼女を救うため、俺は…
帝国に潜入した!!
ドン
もし警察にバレたら一巻の終わり
警察官の俺が絶対侵入者を見つけ出す
そのために素性は隠して行動しよう…
ガン
ん?
なッ!? 列車事故
ゴゴゴ
あんな所に少年が!! 助けなきゃ

胸アッ
★★★★★

熱き男たちの友情と葛藤。

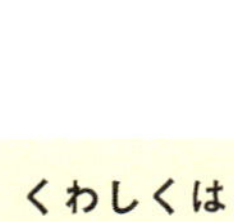

くわしくは
33ページへ
<<<

狂気か？それとも愛か？捉え方で見方が変わる『オペラ座の怪人』

目を奪われる

★★★★☆

発売・販売元：ギャガ

※ GAGA ★ ONLINE STORE 限定

4Kデジタルリマスター版ということで、とにかく毎秒美しくて、ため息が出ます（笑）。4K版というモノをはじめて見たんですけど、黒色がすごく鮮やかでした。黒が映えると光がよりきれいに見えるんですよ。暗闇のシーンすら、きらびやかに見えて、映画の進歩を感じましたね。昔放映されていた『オペラ座の怪人』を見たことがある人は、ぜひ違いを体験してほしい！

ストーリーの感想は、怪人・ファントムのクリスティーヌへの愛に、生々しさを感じました。本作を見るまでは、もっと紳士的でミステリアスな男だと思っていたんです、怪人って。だけど実際は狂気的な愛情の持ち主。彼の愛情表現の仕方は、まっすぐだけれど不器用で、とんでもなくゆがんでいます。そこがすごく魅力的でした。ほかに強引な部分もあって、思ったよりかなり人間味のあるキャラクターだったことが、僕には刺さりました。

今の時代だったら、それこそ僕が思い描いていたようにスマートなキャラとして登場させていたと思うんです。でも100年以上も前の作品だから古典的要素が組み込まれている。そこが怪人のよさだと思っています。

アカデミー賞三冠達成！旅が育む友情は必見『グリーンブック』

友情

★★★★☆

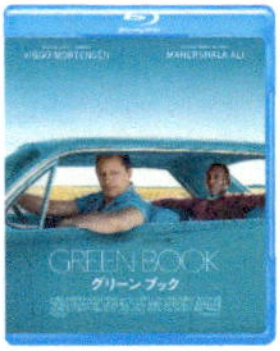

発売・販売元：ギャガ

僕はバディものの映画が大好きで、片っ端から見ているといっても過言ではないのですが、そのなかの1位がこの映画です。映画紹介漫画を描き始めてから、「おすすめの映画は何？」と聞かれることが増えましたけど、絶対に「『グリーンブック』！！！」って答えてます。「好きな映画は何？」って聞かれると迷うけど、おすすめなら絶対これ！

とにかく主人公2人のキャラがめちゃくちゃ立ってる。相反する2人だからこそ、お互いが引き立つんです。これぞバディものの真骨頂！　だからこそおもしろい！

とくに黒人ジャズピアニスト・ドクター・シャーリーがかっこいい。彼は黒人差別が残る1960年代のアメリカで、コンサートツアーを決行。どんなに差別を受けてもすべて受け止めるスマートさがかっけぇし、差別に負けず立ち向かっていく彼の姿勢もかっけえって思いましたね。

『グリーンブック』の映画紹介漫画は、唯一あらすじをいっさい描かず、僕の印象に残ったお気に入りのワンシーンを描きました。「ここのシーン、マジ最高！　見てよ！」という気持ちを込めて描いたら、多くの反響があってうれしかったです。

圧巻の映像美！死者の世界の美しさに鳥肌！
『リメンバー・ミー』

おもしろさ
★★★★★

死者の国に迷い込んでしまったミゲルが、元の世界に戻るための方法を探す冒険がメインとなるこのお話。その死者の国のデザインが大好きなんです。ディズニーとピクサーの作品だけあって、デザインとセンスがすばらしくて、見ているだけでワクワクさせられるんですよね。きらびやかでありながら、下層地域にはスラム街の要素もあって、どこかテーマパークみたいな印象を受けました。死者の国だけど、夢の国みたいな。映像作品で造形美まで楽しめるって、すごいなぁって感心しましたね。

死者の国のモチーフは、「死者の日」というメキシコのお祭りです。たくさん取材されたようで、その甲斐《かい》あって生み出された生物も登場します！　めっちゃかわいかったです。クオリティの高さから、めちゃくちゃ凝《こ》ってつくられているのがわかります。

ストーリーはもちろん、音楽もすべて完璧。ピカイチだ！　メインの視聴者層は子どもなのかなと思いますが、絶対大人も楽しめるしハマっちゃいますね。

とくに最後のほうが泣けるんすよ。なので、侮っていたらティッシュ1箱使い切ることになっちゃいますよ（笑）。

エネルギーに満ちた熱すぎる最高の男たち！

『RRR《アールアールアール》』

胸アツ

★★★★★

Blu-ray & DVD レンタル中、デジタル配信中

インド映画といえば、長編ってイメージがあって、取っかかりにくい印象があるかもしれません。実際この映画も3時間あるんですが、時間を忘れるくらい、ずっとアツい！　ずっとクライマックス！　って勢いでした。

むちゃくちゃいい映画って、見終わったあとに自然と拍手が沸き起こると思うんですけど、この映画は、まさしくそんな作品でした。

当たり前のように拍手が出ちゃう、こんないい映画体験は人生でそうそうできるものじゃないなって思いましたね。最高でした。

いいシーンがありすぎて、正直どこを紹介したらいいのか、めっちゃ難しいんですが、ナートゥダンスのシーンが圧巻でした！　インド映画初心者さんにこそ見てほしいです。絶対好きになりますよ。インド映画の概念が変わります！

パワーがある映画なので、ありえなさそうなことでも、この2人ならなんでもありえそう！　と思っちゃいます（笑）。『RRR』は少年漫画のようなアツさがあるんですけど、以前、女性が主人公2人のアクリルスタンドをもって記念撮影してて、「このアツさは女性にも伝わるんだ……！」って、なんだかうれしくなりました。

コーダ あいのうた

彼女は家族のなかで1人だけ耳が聞こえる
ザー
歌うの大好き
ANGELA・ROSE
そのために家業である漁を手伝っていた――
高校
クラブ何にするか決めた?
え……
チラッ
僕は合唱部にするよ
………
じ～…
ドキ
ドキ
合唱部にした
ヨ～シまずは1人ずつ
ドキ
ドキ
先生
歌声を聞かせてもらう!!
次は君だ
どした!? さぁ歌って
ビクッ…
……ッ
彼女は話し方が変とバカにされたトラウマがあった
……
じゃあわかった…
クス
クス

号泣
★★★★★

娘の夢《こえ》が
聞こえない親……。

犬の呼吸だ
ハァハァ ハァハァ
呼吸しなきゃ 歌えんぞ!! さぁやって
ハァ
ハァ
…ハァハァ ハァハァ
そうッ!! そのまま 腹から歌って
ハァ
ハァ
ハァ
ずっと 抑えてきた♪
長い間 気持ちを～♪
ド
ン
おぉ～!!! こいつは すごい!!
うっま…!!
家に帰り…
ママ私 合唱部 入ったの それで先生に 音大を受け…
手話
え…? 何?
「反抗期」 ……?
どゆこと…?
「もし私が 盲目だったら」
ズ
「あなたは絵を 描いていた」…?

くわしくは
42 ページへ
<<<

ルディ

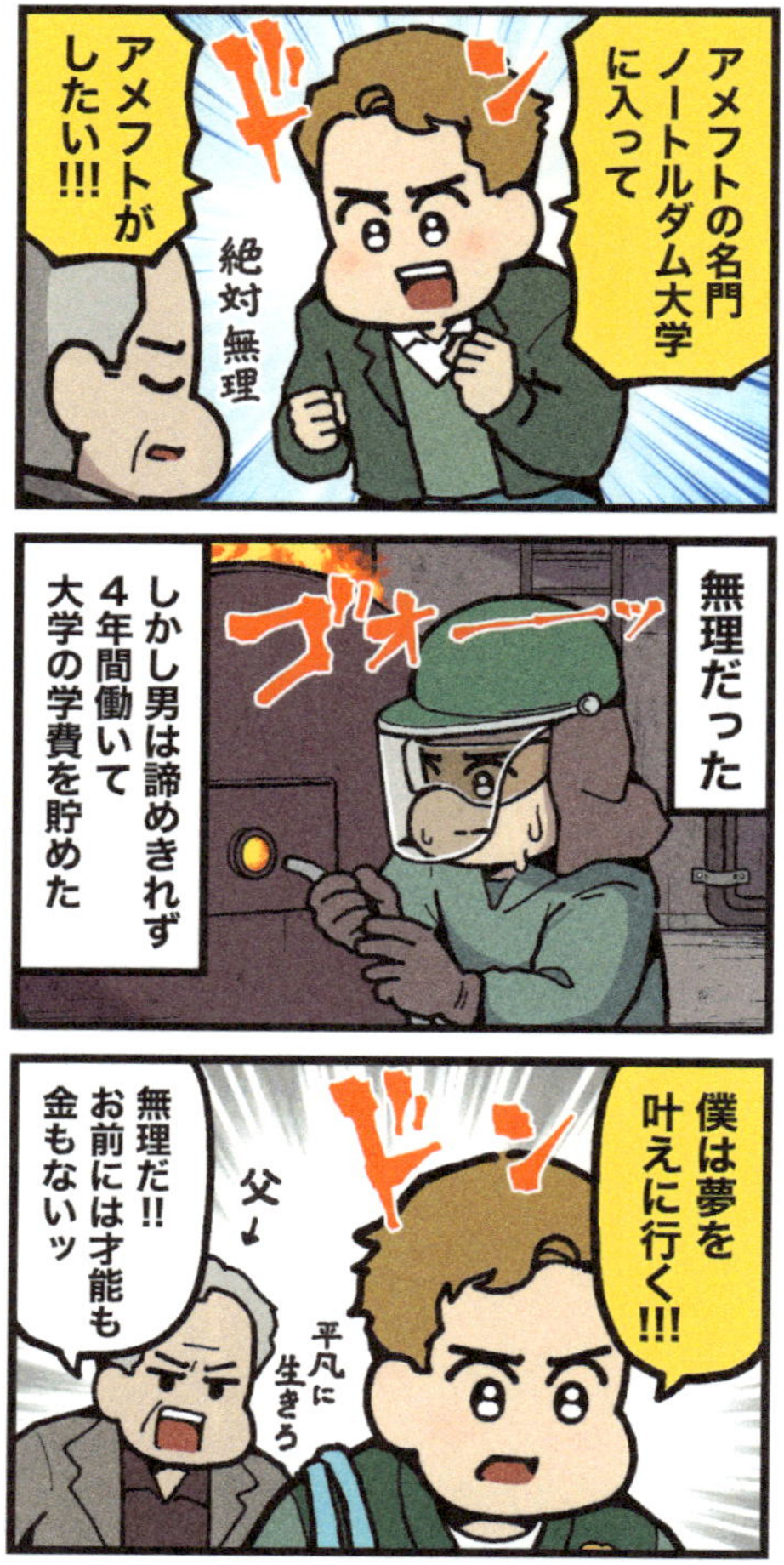
アメフトの名門ノートルダム大学に入って
ドン
絶対無理
アメフトがしたい!!!
無理だった
ゴオーーッ
しかし男は諦めきれず4年間働いて大学の学費を貯めた
僕は夢を叶えに行く!!!
ドン
平凡に生きろ
父
無理だ!! お前には才能も金もないッ
男は大学の教員に直談判した
入れて!!
グッ
よし
附属の短大でいい成績を取れば編入させよう
マジすか

胸アツ
★★★★★

夢への一歩を歩み始める。

うぉぉお!!!
カキカキ
なんで教科書に載ってること書いてるの?
効率わる
成績で"A"を取るためだ
フフッ
それならノートルダムで成績トップの僕が教えてやるよ
マジ!?
その代わり女の子紹介しろ!!
あ、うん
ここがいつもテレビで観てた
憧れの競技場…!!
ドドド
絶対大学に入ってここでアメフトしてみせる!!!
うぉおお
部外者立ち入り禁止だぞ!!
消えろ

くわしくは
43 ページへ

リトル・ダンサー

ワン・ツー
スリー
キラ
キラ
ワン
ツー
スリー
君も踊れば？
は!?
ドキッ
踊るわけないじゃん
踊った
クス
クス
……
フラ
フラ
数日後
息子はちゃんとボクシングしてるかな
ん？
ズン
ズン
おいッ
ド
ン
やばっ
何やってんだお前!?
男がバレエなんてやるな
ガ
シ
恥を知れ!!

胸に刺さる
★★★★★

偏見と闘いながらも少年は夢を追う。

なんでダメなの!?
ねぇなんで?
親に口答えするな!!
二度とバレエはさせん!!
後日
先生…僕バレエやめるよ…
パパ怖いし
もったいな
え?
アンタには才能がある
!?
学校の推薦も考えてた
それに踊りたいんだろ——
……
はいっワン・ツースリー
ワン・ツースリー

くわしくは
44 ページへ
<<<

グッド・ウィル・ハンティング

ある日
名門大学の教授が
廊下に出した
超難問を解く
ざわ…
ざわ…
謎の天才が
現れた――!!
一体
誰が…
しかし次のは
私が2年かけて
証明した問題だ
あれは
解けまい…
カキカッ
あッ
コラ!!
ド!!
ヤベ
ン
落書きを
するな!!
くたばれッ
ハハッ
ダ
ダ
ダ
くそッ
逃げ足の速い
清掃員め…
ん？
え――!?
問題を…
ド
ン
解いているだとッ!?

友情
★★★★★

そして、2人の心の交流が始まる。

くわしくは
45ページへ

彼を探し回りようやく見つけた場所は
……
フン…
なんと裁判所だった
彼を更生させるため1つの提案をした
毎週1回セラピーを受けろ
そしたら保釈させたる
いいぜ
けれど彼はセラピストをおちょくるばかり
催眠術とかバカかよ
やってらんねぇ
次々とサジを投げられてしまう
6人目
チョロそうなオッサンだな
また言いくるめてやるぜ…!!
フフ…

家族の愛と美しい歌声に癒やされ、号泣必至

『コーダ あいのうた』

号泣

★★★★★

発売・販売元：ギャガ

これこそまさに泣ける映画ってやつ。家族愛に涙腺が崩壊してしまいました。僕、家族愛に弱いんです（笑）。

この映画は、家族のなかで唯一耳が聞こえる少女・ルビーが、歌うことを夢見るという設定です。特殊な状況ではありますが、どこの家庭でも起こる家族間の衝突と重なる場面もあって、意外と共感できるんですよね。胸にくるものがありました。

親って、子どもが自分の知らない世界に足を踏み入れようとすることに動揺したり、反対したりしちゃうじゃないですか。それって親心だと思うんですけど、子どもの夢を壊すことでもあって。そういうときって反発したりケンカしたりしちゃうけど、最終的には味方になってくれたり背中を押してくれたりしますよね。僕も漫画家という会社員とは違う仕事をしている立場なので、支えてくれた親にはいつも感謝しています。改めてそう思わせてくれた映画です。

そんな夢を追うルビーの歌声がとにかく美しくて、うっとり……。この歌声が家族に聞こえないなんて切なすぎるんですけど、心では聞こえているはずだ！　号泣したい人必見の映画なので、みなさまぜひ見てください。

あるのは熱意だけ。その熱意こそすべて！

『ルディ』

胸アツ

★★★★★

デジタル配信中
発売・販売元：ソニー・ピクチャーズ エンタテインメント

この映画のテーマは、まさに「夢」。だから、夢を追いかけている人には、ぜひ見てほしい作品です。たとえば部活を頑張っている学生さんにおすすめしたい！　やる気がほしいときに見るのもいいですね。エネルギーをたくさんもらえるので、この映画を見たあとは、「よし、やるぞ！」って思えますよ。

この映画の主人公・ルディは、飛び抜けた才能みたいなものがまったくないんですよ。普通あるじゃないですか、足が速いとかコントロールの精度が高いとか。ところが、彼にあるのはフットボールにかける「熱意」のみなんです。それがすべての原動力なので、それこそが彼の武器ともいえるんですけどね。その熱意に監督やチームメイトたちが心を動かされていくシーンが、とってもアツくていいなぁと思いました。

この映画は、人間の優しさを感じられる作品でもあります。とくに僕は、大学の用務員をしている黒人の人が好きでしたね。そして、その用務員さんのある一言が心に響きました。そのセリフがなかったら、この映画を100％楽しめなかったと思うので、そこが僕にとっては名場面です。どのセリフか、探してみてください。

未熟な少年がバレエにかける想いに涙！

『リトル・ダンサー』

胸に刺さる

★★★★★

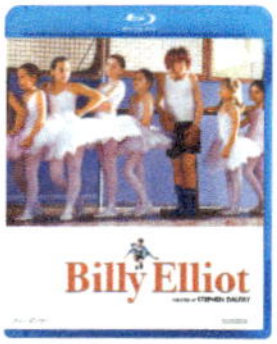

好評発売中
発売・販売元：KADOKAWA

主人公の少年・ビリーは親の意向でボクシングをずっと習ってたんですけど、ある日、練習場の横で少女たちがバレエをしているところを目にするんです。そこで、少年は思います。「バレエしてぇぇぇ！」と(笑)。

ビリーには、じつはものすごいバレエの才能があって、先生からバレエの学校を勧められたりもするんですけど、裕福とはいえない家庭環境とか、「男が何を言ってんだ！」と父親に猛反対されたりとかで、めっちゃ葛藤するんですよね。でも彼は11歳。その複雑な気持ちをうまく言語化できず、親に伝えられず、もどかしさを感じていて……。

そのバカデカイ感情を、バレエにぶつけて、踊りで表現するシーンがあるんですけど、めちゃくちゃ胸を打たれました。自然と目頭が熱くなりましたね。その美しいダンスだけでも十分満足できるくらい、この映画の名シーンだと思います。

じつは、一番といっていいほど僕の胸に刺さった映画でして……。家庭環境や親の反対にめげず、自分のやりたいことを貫く姿がもう……。しかもそれが11歳の子どもだというところが、より刺さったポイントですね。

孤独を抱える現代人を勇気づけてくれる『グッド・ウィル・ハンティング』

友情
★★★★★

発売元：NBC ユニバーサル・エンターテイメント

心に分厚い殻をかぶった天才青年・ウィルと、精神科医・ショーンの心の交流が最高に沁《し》みる。ウィルは、超超超天才。最初は感情移入というより「マジかっけー。でも超生意気な奴」って印象でした。

でもじつは、人間としての弱さもしっかりあって、応援できる魅力的な主人公。キャラクターの描き方も、漫画家の僕としてはすごく勉強になりました。

ウィルに心を開いてもらうため、ショーンが奮闘するんですよね。それを、はじめは小馬鹿にしていたウィルが徐々に心を開いていく様子を見ると、うれしかったです。「孤高で孤独だったあの子が……！」って感動します。

ウィルみたいな天才じゃなくても、心を閉ざして生きている人って多いと思うんです、とくに現代は。僕自身、心が疲れて心療内科に行った過去があるので、そのときにショーンみたいな最高の精神科医に出会いたかったなぁ〜と。

孤独を感じている人や疲れている人にはきっと勇気をくれる映画ですし、自分自身と向き合って、他者に心を開くことではじめて自分の人生が歩めるんだろうな〜と感じさせてくれた映画でした。それがなかなか難しいんですけどね。

グランツーリスモ

胸アツ
★★★★★

鬼教官の過酷な訓練が始まる。

くわしくは
54 ページへ

かならず優勝してアカデミーに入り
ズン
プロのレーサーになるんだ――!!!
よっしゃー
ゴール
スゲェー優勝だ!!
そして世界中から10人の候補生が集まった
NISSAN
俺がお前らを指導する
ゴゴゴ…
これはゲームじゃない…
過酷なレースだ
耐え抜く根性がない奴は
ドン
今すぐ立ち去れ

湯を沸かすほどの熱い愛

余命2カ月
ステージ4の末期がんです
ズン…
え…
うぅ〜ッ
プルルル
お母ちゃん帰りまだ？
お腹すいて死にそ〜
……決めた——
残りの時間家族のために頑張ろう!!
ドン
すぐ帰ってカレーつくるね
やった
後日
旦那さんは隣町で別の女性といます
探偵
探偵に頼むとこんなに早く見つかるのね…

家族愛
★★★★★

ただいま〜
えッ!?
娘
ガチャ
ただいま
ママに殴られた
1年ぶりだな〜
(父)
は?
あとこの子お前の妹
ちょこん…
わけあって浮気相手の子といるんだ
…
よ〜しッ家族もそろったことだし
ザッ
やるわよ!!
え
何を…?
?
休業してた銭湯の再開!!
ドーン
さぁ
みんなで掃除掃除っ

最高の愛を込めて
葬ります。

くわしくは
55ページへ

トゥルーマン・ショー

男は一度も島から出たことがない
ザー
外の世界に行ってみたい
そしてまたあの子に会いたい…
家に帰り…
島を出て冒険したい
ダ…ダメよ
妻
それなら赤ちゃんをつくりましょ
子育ても立派な冒険よ
チュ
さぁベッド行こ
こっから先はいつも映らねぇ
カーテンが揺れる映像に変わるんだ
へぇ～
男が島を出たい理由は大学時代にさかのぼる
彼には一目惚れした女性がいた
ドキ
ドキ

設定が秀逸
★★★★☆

自分の世界《ばんぐみ》の真実を探る——！

や…やぁ 僕の名前はトゥルーマン
ええ よく知ってるわ
バッ
えッ!? なんで?
キョロ キョロ
私はあなたと話しちゃダメな決まりなの…
だからこっちへ…
男はよくわからぬまま人気《ひとけ》のない海へ…
急がないと奴らに見つかる
奴ら?
ブゥーーン
ダダダ
ん? 誰か来たぞ
コラッ 戻りなさい
誰!?
バ
聞いてッ
みんなあなたの前で芝居《しばい》をしてる
ここは全部偽物《にせもの》!!
ツ
TV番組なの
だから島から出て私を探してッ
え…芝居?
ニセモノ…
僕の人生が…
TV番組…?
ザ

くわしくは
56ページへ
<<<

すばらしき世界

男は元ヤクザ
お世話になりました
人生の大半を刑務所で過ごしようやく出所のとき
二度と戻ってくんな
生活保護の申請ですね
生活保護
理由は「出所したけど持病で働けず」
……
…まぁ
一応申請出しますね
はぁ…
情けねぇ…
まるでゴミを見るかのような眼――…
仕事探さないとな…
ポン
お客さんちょっと
スーパー
え?

衝撃
★★★★☆

生きづらい世の中で男は つながりを見つけていく。

くわしくは
57 ページへ
<<<

万引きしたろ
町内会長から君のウワサを耳にした…
はぁ？
これだからヤクザは
プチン
俺は取ってねぇ
ドン
うぉ!?
普通免許一発合格
無実だったらどげんしてくれる!?
も、もう結構です
ぬぎ
ぬぎ
私の勘違いでした…
スミマセン
まったく
あの～それから
免許取られるんですね？
よかったら
知り合いの運送屋の仕事紹介しましょか
普通免許の問題集
まじで!?

夢を追うすべての人の希望の光！

『グランツーリスモ』

胸アツ

★★★★★

デジタル配信中
発売・販売元：ソニー・ピクチャーズ エンタテインメント

『グランツーリスモ』という有名なレーシングカーゲームのゲーマーが、本物のレーサーを目指すお話。その設定だけで、心をつかまれちゃいました！　それだけで見たいと思わせるパワーがすごいし、実話っていうのが興味深くて、つい。

『グランツーリスモ』は日本発のゲームなので、劇中でも日本を感じられる要素がちらほらありました。日本人としてすごく誇らしいですね！

まさに「男子の夢が詰まっている映画！」という感じですが、「ゲームに夢中になる男の子を応援したくなる！」という女性もハマると思います。母性本能をくすぐられる的な（笑）。

この映画こそ、夢を追いかけている人にぜひ見てほしいですね。就活生とかが見てもいいかもしれません。諦めずに夢を追うことは、すばらしいんです！

まわりからどんなにバカにされても、家族に反対されても、ゲームを究めてレーサーになろうと頑張る姿がアツくてグッときて……。自分も頑張ろうと思えます。僕自身、漫画家という成功するかどうかはわからない不安定な世界にいるので、背中を押してもらえた作品でしたね。

母の愛情は熱湯の如し。涙が止まらない

『湯を沸かすほどの熱い愛』

家族愛

★★★★★

発売元：クロックワークス
販売元：TC エンタテインメント

泣けると話題の映画だったので、「この本をつくるうえで見逃せない！」と思い視聴。前評判以上に涙が出た作品です。

設定は余命2カ月の母親が主人公という重いもの。でも、その限られた時間を、家族のために惜しみなく使う姿に母親のまっすぐさや強さを感じて、とても感動しました。人って自分が死んでしまうと悟ったら、やっぱり自分がやりたかったこととか想いを残していることとかをやりたくなると思うんです。でも家族のために残り時間を使うところに、母の深い愛情を感じますよね。

ただし、1つだけモヤッとする点が。これは僕個人の見解なんですけど、子どもに根性論で怒鳴るシーンに少し疑問をもちました。余計に萎縮しちゃう子もいそうだし、実際僕はそのタイプです。でもこの母親は子どもの性格をよくわかっているからこそ、怒鳴りつけたのかもしれませんね。

家族愛と家族の団結力がテーマの作品なので、やはり家族で見てほしいですけど、家族の前で泣くのが恥ずかしかったりもするじゃないですか。なので、1人で見るのもありです！　一人暮らしの人が見たら、今すぐ実家に帰りたくなるかもしれません。

TVの世界から飛び出し未来をつかみ取れ！
『トゥルーマン・ショー』

設定が秀逸

★★★★☆

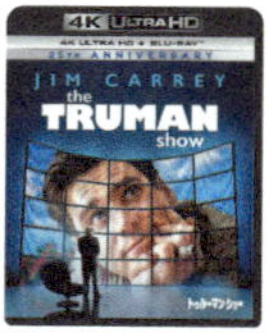

発売元：NBC ユニバーサル・エンターテイメント

主人公を取り囲むすべてがTV番組のつくり物、という設定がめちゃくちゃ秀逸です。しかもそれが最初にわかるという構成！　僕も小学校の頃、自分以外の世界はつくり物かもしれないと思っていたことがありました（笑）。それを映画の設定にしているところがおもしろいです。

これは老若男女、誰でも楽しめる作品です！　この設定ならではの、エッジの効いた皮肉っぽいシーンが合間合間にちょこちょこ挟まるんですよ。コメディ要素もあって笑える部分も多いです。

あと視聴後、自分もトゥルーマン状態に陥っている可能性があると気づきましたね。主人公のトゥルーマンは物理的にドームに囲まれて暮らしていますが、僕も見えないドームをつくっちゃっているんじゃないかと。

毎日同じように会社へ出勤したり学校へ通ったり……。行動範囲や人付き合いも自分自身で決めているので、自分がつくったドームの世界のなかで完結する人生を送っているかもしれないと感じたんです。そういう人は多いと思います。僕も彼のようにドームをぶっ壊して、今とは違う世界を見てみるのもいいなって思えたし、勇気をもらえました。

邦画に対する固定観念を覆《くつがえ》す 絆と優しさの感動物語

『すばらしき世界』

衝撃

★★★★☆

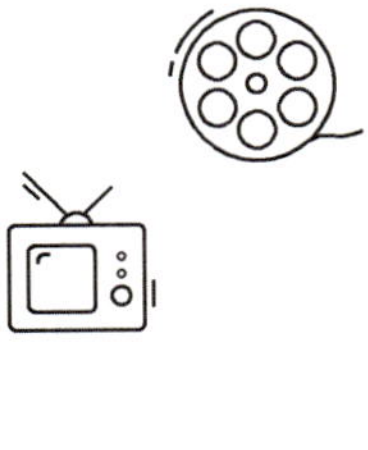

洋画ばっか見てる自分にある疑問が生まれた。「どうして邦画を見ない？」と。当時、自分のなかで「邦画って洋画に比べるとリアリティがなくてあんまりなんじゃない？」という固定観念がありました。でもこの映画を見て、その考えは覆されました。

そう感じた一番大きな要因が、主人公を演じた役所広司さんの演技！　堂々とした存在感に釘《くぎ》づけでした。演技のことは全然わからないけど、とにかくすごい。僕みたいに洋画ばっか見て邦画のことを甘く見てる人にぜひ見てほしい。で、役所広司に心臓をもぎ取られてください。

感じたことは、結局、人と人とのつながりなんだなってこと。生きづらい世の中で孤独に生きる元ヤクザの主人公を救ってくれたのは、人とのつながりや人の優しさでした。じんわりと胸があたたかくなります。孤独を感じている人にも見てほしいです。

とにかくすごいって感じたこの映画ですが、序盤のタイマンのシーンだけはよくわからなかった。ほかのシーンとは異なって、違う作品を切り取って貼りつけたようで、逆にすごく印象に残っているんです。誰か僕に考察や説明をしてください（笑）。

ボヘミアン・ラプソディ

どうしよう…ボーカルが抜けちまった
売れないバンド
俺が入ろうか
誰？
ドン
てか出っ歯じゃ歌えないだろ
!?
自信を取り戻した〜
歌うま
男は歯が多く口内が広かった分声域も広かった
ぜひ入って
後日
行ってくる
待ちなさい
厳格な父
ドン
ファルークよ少しは将来のことも…
違う
え？
俺の名前は「フレディ」
フレディ・マーキュリーだ
彼は自分のルーツを嫌い名を変えた
もう勝手にしろッ!!

ロック
★★★★★

活躍の裏にあった
知られざるストーリー！

スカウトされたレコード会社と契約した頃、男は…
彼女
何これ？
フフ…新しいバンド名
Queen
『クイーン』
規格外の俺にピッタリだろ
そして君は運命の人…
え!?
ドキッ
パカ
結婚しよう
一生君を大切にする
クイーンは人気になり全米ツアーを開催
うおおおお
忙しくて彼女と会えない日が続いた
あぁ俺も早く君に会いたい
ん？
じー…
フフ♥
ガチャ
男子トイレ
浮気しちゃダメよ
……
ねぇ聞いてる?!
あぁ…うん
ドキドキ

くわしくは
66ページへ

遠い空の向こうに

1957年
ソ連が初の人工衛星打ち上げに成功
ドン
スゲー
田舎の少年
俺もロケットつくりたい!!
少年は級友たち
3人に声をかけ
ロケット
知ってる⁉
カッケー
ロケットの開発に取り組んだ――
ヨシッ!!
早速打ち上げだ
ドン
AUK1
ヤバッ
父さんの炭鉱場に飛んだ!!
ボカン
ロケットなんてバカな夢は捨てろッ!!
ガツン
父
この町の男はみんな炭鉱夫になるんだ!!
う…ッ

勇気をくれる
★★★★☆

学校
科学フェア…?
そこでロケットを発表して優勝すれば
奨学金が出て大学に行けるの
先生
マジで!?
工場の人や先生の助けをもらいながら
廃線のレールを売って資金づくりだ
何度も打ち上げに挑戦しては失敗をくり返した――
ボン
また爆発した
なんで発射場に大勢の人が!?
兄貴が言いふらしたっぽい…
ぞろぞろ
お前が吹っ飛ぶとこ見に来たぜ
兄
今に見てろ…
やったー成功だ!!!
うぉおお!!
絶対に夢を叶えてみせる!!

小さな炭鉱町から大きな夢を。

くわしくは
67 ページへ

ワンダー 君は太陽

少年ははじめての登校が不安だった
……
ドキ ドキ
ここからはヘルメットを外そうな
なぜなら遺伝子の疾患で見た目が人と違うから
パカッ
パパ
お前は1人じゃない楽しんでこい
…うん
わっ
テク テク
え…
食べ方気持ち悪
その髪もダサイよ
ははは ッ
あいつに当てろッ!!
バン
バン

号泣
★★★★☆

家族の愛が
彼の勇気につながる。

学校の初日はどうだった？
なんで僕は醜《みにく》いの!?
あなたは醜くなんかないわ
ママだからそういうんだ
そうよ ママだもの
ママだから あなたを一番よく知ってる
あなたを知ればほかの人も
ぎゅー
ぐすっ…
醜くないって気づくわ
……うんっ
あっパパ パパは今日どうだった？
…パパはね
最高の日になったよ
今この瞬間にね
パー

くわしくは
68ページへ

ドリーム

1961年
宇宙行ぎたいっ
アメリカはソ連との宇宙開発競争に燃えていた
そんななかNASAの宇宙研究本部に初の黒人女性が入る
ドン
わ!?
ビクッ
間違いがないか計算しろ
は…はい
ズン…
え!?
黒塗りされててこれじゃできない…
ドン
機密事項だ！それに私たちが既に確認した
ゴゴゴ…
君に渡すのは形式にすぎない
間違ってるワケがない

スカッと！
★★★★★

人種差別が色濃く残っていた時代
お手洗いはどこ…？
モジ
モジ
黒人用のは知らないわ
彼女にとって ここは苦しい環境であった
黒塗りのトコ光に透かせば見える！
え!? でもこの計算じゃ…
スー
私の計算が正しければ……
カッ
カッ
ちょっとトイレ～
も～
サーーッ
えッ!? これは…
完璧な計算だ
ドドン
あの女が…!?
すばらしい 誰が書いた!?
(本部長)
おー

変わり始める周囲の認識。

くわしくは
69 ページへ
<<<

伝説のロックバンド・クイーン ライブシーンは魂の叫び！

『ボヘミアン・ラプソディ』

ロック

★★★★★

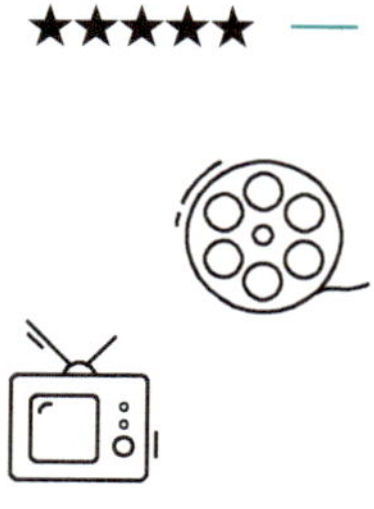

この映画は、伝説のロックバンド・クイーンのフレディ・マーキュリーの人生を描いた作品。劇中のクイーンのライブシーンは迫力がもう半端なくて、「かっけぇぇぇ！」ってなりましたね！　魂が震えました。

クイーンの曲を現役で聴いていた世代には、たまらん作品だと思います！　ぜひ見て青春時代を思い出してもらいたいですね。

クイーンの曲は有名なものばかりで、世代じゃない人でも知っていることは多いでしょう。僕もその1人ですが、バンドの結成から、どういうふうに栄光の階段を駆け上がっていったかのストーリーは知らなかった。フレディの輝かしい成功の裏には、こんなにたくさんの葛藤があったんだと知って、胸が苦しくなりました。ゲイであることとか、有名人の彼の孤独だとか、病気の話とか。波乱万丈だなと。それでも歌の力で人々に勇気を与えるフレディは、人間としてかっこいいです。

この映画を見終わったら、ついスマホのプレイリストにクイーンの曲を入れちゃうんですよね（笑）。曲を聴けば映画の感動がよみがえってくるので、鑑賞後に改めて聴くのもおすすめです！

夢に向かってひた走る姿に感動の涙！

『遠い空の向こうに』

勇気をくれる

★★★★☆

宇宙に想いを馳《は》せ、「ロケットを飛ばす」という夢を追う少年たちの無邪気な姿が、見ていて応援したくなる！　少年は夢を追いかけたいけど、「そんな無謀な夢を追ってないで、勉強しろ！」とか「父親の仕事を継げ！」とか親から反対されるんです。けど夢を諦めない一生懸命な彼の言動が、親の心を動かす……。そんな展開が大好きです！

現実では、親の言うことや先生の言うことに負けずに夢を追うことって難しくて、「自分の実力じゃ無理だから、安定を選んだほうがいいよね……」と子ども自身も思っちゃいますよね。自分の人生を自分で狭めてしまうというか。

僕は美術予備校講師のアルバイトをしている時代に、地方の高校に教えに行ったことがありました。そのときに、上を目指せるような子でも「自分には無理だから」と最初から決めつけていたり、「自分じゃ東京藝術大学なんて……」と謙遜したりする子が多くて。もしこの映画を見たら、そういう子たちも勇気がもらえるかも。

夢に向かって頑張っている人はもちろんですが、子どもがいる親御さんにもおすすめです。親子で見ると全然違う感想が出て、おもしろそうですよね。

発売元：NBC ユニバーサル・エンターテイメント

太陽《きみ》がいるから世界は輝く!

『ワンダー 君は太陽』

号泣

★★★★☆

発売元：キノフィルムズ／木下グループ
販売元：ハピネット・メディアマーケティング

病気で生まれつき人とは違う容姿で生まれてきた少年・オギー。勇気を出して学校に行ったところ、いじめられ、すごく傷つき、心を閉ざしてしまうんです。

その子の心を癒やし、また学校に行けるようにしようと奮闘する両親。そんな家族の様子を見て、お姉ちゃんは思うんですよ。「この家族の中心は、太陽は、弟なんだ」と。な、なんというタイトルの伏線回収!! 鳥肌が立ちました。

でも切ないですよね。自分は病気の弟の陰に隠れて、親に甘えたくても甘えられない。あたたかい家族のなかで、彼女は1人孤独を感じちゃっているんですよね。

でも、中盤ではお姉ちゃんにもフォーカスを当てて、彼女のエピソードもしっかり描かれています。はじめはオギーの視点でお話が進みますが、のちにお姉ちゃんの視点に切り替わるところがおもしろい見せ方だと思いましたし、優しい映画だなと感じました。

また、登場するいろんな人物の気持ちをすくい取っているので、共感しやすい映画だとも感じました。たとえば弟目線だとコンプレックスがある人に刺さるでしょうし、姉目線だと孤立や孤独を感じる人には、とくにグッとくるでしょうね。

トイレのシーンにこの映画のスカッとが詰まっている！

『ドリーム』

スカッと！

★★★★★

洋画を見まくっていて「人種差別の問題をテーマにした作品って多いんだなぁ」と興味が出てきた頃に出会った作品です。1960年代のアメリカを舞台に、NASAのコンピューター部門に勤めたアフリカ系アメリカ人女性3人の活躍を描いています。勉強にもなりますし、日本人にはない感覚や、人種差別の問題、NASA……という点に惹《ひ》かれました。

「スカッとした！　気持ちよかった！」というのが、映画を見た一番の感想です。黒人でしかも女性という立場から軽く扱われているけれど、彼女たちはみんな実力がある！　人種や性別に邪魔されていた彼女たちが、頭がよくて、計算ができるときちんと評価されたので、気分がよかったです！

そういう要素もあるので、スカッとしたい方にもおすすめですし、今窮屈な状態で我慢している人がいたら、勇気や元気を与えてくれる映画だと思います。

見どころは「トイレ」。あの時代のアメリカには黒人専用のトイレがあるんですが、そのトイレが上司によって……おっと！　これ以上はネタバレになるのでやめておきますね。ここが一番スカッとするし、感動するシーンなので注目です！

ギフテッド

1+1わかる子〜?
1+1=
はぁ…簡単すぎてつまんない
え?
じゃあ9+8は?
17
57+35は?
92
余裕すぎ…
ズズズ…
なら…57×35は?
これならわかるまい!!
ニヤ
1995
ちなみに平方根は44・665422…
天才!?
お父様ッこの子をもっといい学校に!!
断る
それに父じゃねぇ
そうはさせないわ

感情移入
★★★★☆

心は普通の女の子。

その子の養育権は私のもの!!
誰!?
この子の祖母だ
裁判よッ!!
ドン
そして私が立派な学者に育てるの!!
ぎゅ
おい
どうした急に?
バッ
……
嫌だ…私フランクと一緒にいたい
フランク
見捨てないで
プル
……
安心しろー俺が守る!!
ガシ
どこへもやらんッッ!!!

くわしくは
78ページへ

プラダを着た悪魔

有名ファッション誌の編集長(悪魔)の秘書になれたけど
コーヒー買ってきて
ポイ
…はい
超激務《ちょうげきむ》!!
それに服がダサい私は笑い者
上司
まったく…
ヒールくらい履きなさい
ムス…
休日
休み最高〜
プルルルル
げッ
悪魔《ボス》から電話!!
飛行機が嵐で欠航して帰れないのなんとかして!!
ゴロ
ゴロ
え…!? あ、はい
軍隊に頼んででも飛ばします
無理だった
あなたには失望したわ
今までで一番ダメな秘書
はぁ〜…
グサッ

スカッと！
★★★★☆

悪魔《ボス》を見返していく。

ひどいよ～ 私、頑張ったのにぃ!!
うえ～ん
はぁ～… 仕方ないな
この私が君をコーディネートするから
それで誠意を示せ
え!?
ド
次の日
コーヒーがない…
あの子もほかと同様辞めたようね
お待たせしました
ん?
熱々コーヒーです
!!!
ドン
どきっ
コーディネートしてもらった
この子…
フフ…
はいッ かしこまり
少しはやるようね
キリッ

くわしくは
79ページへ
<<<

ギルバート・グレイプ

俺には知的障害をもつ弟がいる
登っちゃダメだ!!降りてこい
タンク
コラー
あはは
(弟)
本当にすいません
お騒がせしました
えへへ
まったく…
次はないぞ
ママを心配させないで
私の太陽
ヨシ
ヨシ
母は父が死んでから7年間 家を出てなく過食症になった
重さで床が抜けそうだ…
ミシ
補強しなきゃ
ちゃんと弟の面倒見ててよ
ミシ
あッごめん

家族愛
★★★★☆

青年に生まれる心の葛藤。

くわしくは
80ページへ

家族のために俺が頑張らなきゃ
お〜い ギルバート
はい 店長？
お客さんの荷物の配達してくれ
よろしく
ここよ
トレーラー
私はこれで旅してるの
自由に世界を見て回るのが好きなの
へぇ〜
あなたは何がしたいの？
え——……

きっと、うまくいく

学歴競争が激しい
インドの名門大学に
自由気ままな男が1人
お前は留年だ!!
ん?
提出期限も守れず妙なヘリをつくって!!
待ってください
あと少しで完成するんです…
ダメだ!! 留年しろ
学長はテストの点や就職率にこだわり
殺し合いだ!!
スッ
学生たちに苛烈《かれつ》な競争をさせ敗者は切り捨てる
このドローンカメラつきだ
スゴイ
男は彼を救うべく代わりにドローンを内緒で完成させる

勇気が出る
★★★★☆

真っ向からぶつかる！

完成したドローンを彼の部屋まで飛ばして驚かそう
ブーン
きっと喜ぶぞ～
えッ!!?
ドン
首を吊《つ》って自殺してる
学長室
というと何か…自殺は私のせいだというのか!?
ズン
問題は社会の構造そのもの…
は?
バン
インドでは90分に1人の学生が自殺している
こんな教育が間違ってる!!
なんだと!?

くわしくは
81 ページへ

感情移入、必至！少女の涙につられちゃう『ギフテッド』

感情移入

★★★★☆

生まれつきの超天才「ギフテッド」の少女と、彼女を預かる叔父との人間ドラマ。叔父のフランクが少女の気持ちを重視して育てたいと考えるいっぽうで、彼女のおばあさんはその才能を生かすため、英才教育をするべきだと考える。その意見の食い違いでぶつかっちゃうんですよ。

僕はフランクに感情移入して見てしまいましたね。もし自分の子どもがギフテッド（超天才）だったら、自分はどう育てるのだろうとか、どう接するのが正しいんだろうとかを、フランクと一緒に考えていく映画なんだろうな。

でも、おばあさんの気持ちもめっちゃわかるんですよ。子どもの才能を伸ばしたいと思うのは当然ですし、世の中の役に立ってほしいと思うのも当然だと思います。どっちの意見もわかる分、見ていて複雑でした。

あと、僕はフランクと少女の関係性にも萌えましたね。信頼し合っているといいますか。大人っぽくて愛嬌《あいきょう》がない少女なんですけど、フランクと引き離されそうになるシーンでは、彼と一緒にいたいと涙するんです。それには胸がギュッとなりましたし、キュンともしましたね。「かわいいとこあるやん……」って。

モチベ上げるには最適で最高のお仕事映画！

『プラダを着た悪魔』

スカッと！

★★★★☆

とにかく主演のアンドレア役のアン・ハサウェイが魅力的で（笑）。かわいいんですよね、きれいだし。悪魔のような編集長のもとで働いて、彼女の要求にボッコボコにされるアンドレアに共感して見るから、同じく凹むんですけど、そこからはい上がっていく姿がめちゃくちゃ胸アツですし、スカッとします。アンドレアが成長していく過程で、周囲の人々の評価や見る目が変わっていって、心を開いていって優しくなっていくのもすごく好きですね。

これは最高のお仕事映画でもあるので、お仕事のモチベーションを上げたい人におすすめです！　とくに新入社員の人は、自分と重ね合わせやすいんじゃないでしょうか。

僕が印象に残っているのは、アンドレアが「出版前のハリー・ポッターをもってこい！」という無理難題を、編集長・ミランダに押しつけられるシーンです。「いや、そんなん無理だろ！」って（笑）。嫌がらせとしか思えない難題なのに、「くそ〜！」と自分を奮い立たせ、立ち向かう彼女の姿がかっこよくて、やっぱりかわいいですね。いや〜この映画は「アン・ハサウェイ最高！」に尽きます。

兄の心の葛藤に涙し、家族の絆に胸打たれる！『ギルバート・グレイプ』

家族愛

★★★★☆

BD & DVD 発売中
発売・販売：キングレコード

この作品で、何より驚かされたのは、レオナルド・ディカプリオの演技。ジャケットを見たらわかるとおり、弟役のディカプリオはまだ子どもです。知的障害をもっている男の子の役なんだけど、こんなに若いのに、「ここまでリアルな演技ができるんだ……！」と驚かされました。

父親はいないので、過食症で太っていて歩けない母親、知的障害をもつ弟と、2人の姉妹……。家族の生活をギルバート1人で支えてるんですよね。ヤングケアラーになった人がもつ悩みに対して、希望や解決のヒントがもらえるのかもなと、映画を見て思いましたね。難しい問題なので、そんな簡単にはいかないのかもしれないですけどね……。そうであればいいな、みたいな。

ずっとそういう暮らしをしていたギルバートが、トレーラーで旅をする少女と出会い、自由に生きる少女と交流することで、自分の人生を見つめ直すんですよね。「俺って何がしたいんだっけ」って悩んで、自分の人生について葛藤する。それに対して彼がどんな結論を出すんだろう？　という点に注目しながら見ていました。かなり複雑でしたが、そこに感動しましたね。

勇気が出る魔法の言葉「きっと、うまくいく」

『きっと、うまくいく』

勇気が出る

★★★★☆

Blu-ray & DVD 好評発売中
販売元：株式会社ハピネット・メディアマーケティング

この映画には、いっぱいテーマがあるんですよね。重いところでいうと、インドの自殺率の高さの問題とか。そんななかでも僕は、「学ぶとは何か」を教えてくれる映画だと思ってこの作品を見ていました。また、学ぶことが多い映画でしたね。

舞台はインドのエリート大学。そこに通う3人の青年を中心に、ストーリーが展開されていきます。

インドは競争社会で学歴重視なんですが、工学を学んでエンジニアになるのが成功ルートなんですよ。主人公のランチョーは、全然勉強しているような感じじゃないのに、成績優秀。「なんでそんな成績取れんの？」と聞かれ、「いい成績を取ることじゃなくて、工学が好きだから勉強している」と返すんです。その一言で、「好きこそ物の上手なれ」じゃないですけど、好きなものを楽しんで伸ばす大切さを思い知りました。

タイトル回収になっているんですけど、ランチョーの口癖が「きっと、うまくいく」なんです。その言葉で、自分を、まわりを鼓舞する姿にとても感動しましたね。大人はもちろんですが、学生のみなさんに、よりおすすめしたい作品です！　きっとこの映画がいろんな悩みを解決してくれるはず。

大友しゅうまの
受験人生
高2
友達に絵でも就職先あるよと聞き美大を目指す
あるよ
マジで!?
勉強しないでいいじゃん!!
高3
安易な理由で選考を彫刻科に
漫画描くなら人体学べる彫刻科っしょ
そこからが地獄の始まり
3浪する羽目に
十円ハゲが一度に3個
うわぁぁああ
彫刻の才能なかった〜!!
3浪目で精神は崩壊予備校に通えなくなる
3浪
一発逆転を狙いつくったLINEスタンプが大当たり
ゾクゾク…
月の収入200万円
粘土こねてる場合じゃねえ
自分は絵だと確信し油画科に転科した年に合格する
東京藝術
美大受験生へ学科選びは慎重に…
おわり

COLUMN 1

PART
2
グッとくる恋愛映画

美女と野獣（実写版）

帰らない父を探しに娘は謎の城に着く
ゴゴゴ…
あそこにパパが…!?
パパ!!
いた!!
娘よッ
ダメだッ早く逃げろ
え!?
この城は生きている
ドン
奴に見つかる前に逃げろ!!
ゴゴゴ
奴…!?
お前の父親はバラを盗んだ
け…獣!?
だから一生牢獄だ
ドン
罪が重すぎる

美しさ
★★★★★

不器用な野獣と
娘の生活が始まる。

くわしくは
92ページ

なら代わりに私が入る!!
何ッ!?
愚《おろ》かな奴だ
ザッ
一生そこにいろ
娘よ〜!!
その夜
あの娘が王子を愛せば我々の呪いが解けます!!
召使い
だからまず食事に誘いましょう
バカか!?
こんな私を誰が愛する!?
無理に決まってる
いいんですか!? 一生このままで
ぐぬぬ…
食事に来い!! これは命令だ
あせ
あせ
ダメ。もっと優しく誘うの
しょ…… 食事を一緒にどうかな…?

50回目のファースト・キス

男はカフェでナンパをして成功
魚臭くてごめんね
水族館で働いてるから…
ワッフルでつくった家
プ〜ン
ううん私この臭い大好きよ
また明日会いましょ
カフェで
えッ!?もちろん
次の日
やぁ今日はいちだんと魚臭いぞ〜
プ〜ン
嗅《か》ぐ??
キッモ…
ギロッ
初対面で何言ってんのこの変態ッ
え?
昨日臭いの好きだって言ったから
キャー助けて!!
おい
え……
ゴゴゴ…
店長
表出ろ
ビクッ

愛情
★★★★★

一《いち》途《ず》な男の
猛アタックが始まる。

くわしくは
93ページ

いやッあの子が変なんだよッ
あの子はねぇ
記憶が1日しかもたないんだよ
え!?
事故の後遺症で記憶が一晩でリセットする
なんだって——ッ!?
ドン
次の日
ワッフルでまた家をつくってる
そうだ!!
フフフ
最初にした話しかけ方をくり返せばまた仲よくなれるはず
(思い出)
つまようじを使ったら?
スゴイ
やぁ
ここにはつまようじを使うといい
サッ
プス
人の食べ物に触るなんて
最低ッ
ギン
あれ〜ッ????
明日またリベンジだッ

タイタニック

男は豪華客船
タイタニックに乗った
ワー
チケット賭けでもらえて超ラッキー
…ん!?
貴族の娘が身投げ!?
や…
やめとけッ
来ないで
こんな退屈な人生もうウンザリ
危ない!!
ガ
シ
キャーッ
男が間一髪 助ける
しかしタイミング悪く彼女の婚約者に見られてしまう――
何してる!?
ドン
違うのッ
彼は私を助けたのよ

ドラマチック
★★★★★

身分を超えて
惹かれ合う2人。

くわしくは
94ページ
<<<

君の名前で僕を呼んで

教授である父の助手として
アメリカから来た大学院生と ひと夏をともに暮らすことに
彼は自由奔放だけど賢く
この語源については
ペラ
ペラ
……
堂々としてた
いつの間にお店の常連たちと仲よく!?
ワイ
ワイ
コミュ力もあるのかッ
よっしゃー!!
スパーーン
………

ときめき
★★★★★

なんなんだ
この気持ちは。

くわしくは
95 ページ
<<<

彼めっちゃステキ～
わかる～
・・・・
それにイケメンだ
どうした？緊張してるぞ
モミ
モミ
や…やめろって
じゃああとで
ハハッ
そんな彼が忌《い》まわしいのに…
つい目で追っちゃう
さぁ再開だ
あっ奴のパンツだ…
………
スポ
ドン
んん～～ッッッ!!!

美女もきれいだけど野獣もめっちゃかわいい！

『美女と野獣』（実写版）

美しさ

★★★★★

とにかく野獣がかわいい！！！　傲慢でワガママで不器用な王子様だけど、自分に自信がなくて卑屈になってて……。使用人たちに背中を押され、ベルに頑張ってアプローチしている姿がめちゃくちゃかわいいんですよね〜。

映像もめっちゃきれいで、お城のビジュアルはもちろんですけど、モノに変えられた使用人たちもリアルでした。野獣好きの僕としては、アニメ版よりも「ザ・野獣」って感じの勇ましいビジュアルになっていて、かっこいいところが推せましたね。

でも僕、一推しはガストンなんですよ。ナルシストなキャラがおもしろくて（笑）。顔よし肉体よしなガストンが唯一落とせない女の子がベルで、ガストンからしたら「おもしれぇ女」って感じだったでしょうね。自信があるから振り向いてもらえないことに納得できずに暴挙に出る。ディズニーのほかのヴィランにはない人間らしさがあって好きです。

ラストシーン後も、ガストンは絶対生きてる！　みんなに見放されても付き人だけはそばにいてくれて……ってエピソードを妄想してました。ディズニーさん、ガストンで新作1本、待ってます！

記憶がなくなっても最後に愛は勝つ〜♪
『50回目のファースト・キス』

愛情
★★★★★

デジタル配信中
発売・販売元：ソニー・ピクチャーズ エンタテインメント

1日しか記憶がもたない短期記憶喪失障害を患う女性・ルーシーと、彼女を一途に想うヘンリーとのラブストーリー。テーマ的に悲しい話になりそうですが、この作品はすっきり見られます。なので、暗い話が苦手という人も、楽しめるんじゃないでしょうか。序盤なんて結構下品な言葉が飛び交っていて、「今の時代だったらコンプラ的にアウトだろ！」って突っ込みたくなっちゃうくらいでした（笑）。

記憶がリセットされちゃうから、男性はいろんな工夫を凝らして彼女を落とそうと奮闘するんですよ。その彼の姿がとてもコミカルでかわいらしく思えました。毎日恋をして、毎日ファースト・キスをするって、めちゃくちゃキュンとしませんか？

「1日しか記憶がもたない女性とどう付き合っていくのか？」という問題のアンサーとして僕的に絶対嫌だったのが、病気が治るとか記憶が戻るとか、つくられたハッピーエンドで終わることでした。でもこの作品が出したアンサーは、ちゃんと病気に向き合いつつも出した答えという感じで、とても腑《ふ》に落ちたし、すごく素敵な最後だったと思います。これこそが真のハッピーエンドだ！

身分の差を超えた感動の愛の超大作
『タイタニック』

ドラマチック
★★★★★

超有名な作品ですけど見たことがなくて、つい最近やっと見ました。正直、「20年以上前の映画だし古いんだろうな」って甘くみてたんですけど、いい意味で裏切られた！！！　不朽の名作とは、時代に左右されない『タイタニック』のような作品のことをいうんだなと感心しましたね。

普段映画を見ない人からすると、3時間超えってだけでハードルが高いですよね。一気に見る必要はないんで、何日かに分けると、ドラマの感覚で見やすいです。でもこの作品は、飽きる瞬間が全然ないので、30分のつもりが1時間見ちゃったってことも十分ありえるかも（笑）。

主役を演じるのは、若かりし頃のレオナルド・ディカプリオ。なんといっても顔がいい！　あの美しい顔を拝むためだけでも、見る価値はあります。

沈んでいく船の上で、少しでも心穏やかに乗客が避難できるようにと最後まで演奏し続ける演奏家たちのシーンは、めちゃくちゃ泣けましたね。あの演奏家たちは実在していて、タイタニック号と一緒に沈んでいったのだそうです。

そう思って見ると……もう、ね？　あそこがいっちばん感動しました。

キスシーンは男の僕でもドッキドキ♡

『君の名前で僕を呼んで』

ときめき

★★★★★

Blu-ray & DVD 発売中
発売元:カルチュア・パブリッシャーズ
販売元:株式会社ハピネット・メディアマーケティング

ジャケットがあまりに美しくて、ついつい手に取ってしまった作品です。主人公2人ももちろん美しいんですけど、イタリアの風景が本当にきれいで、映像美としても楽しめます。

ひと夏の恋、しかも男性同士……。それが情熱的な恋に発展していくんですよ。いい意味でですよ? いい意味でなんですけど、えっっっっちすぎなんです!!!!!

17歳と22歳の年の差恋愛なんですけど、キスシーンがあって……。そのシーンが、もう、とってもドキドキします。「え!? お前、アイツのこと好きだったん!?」みたいな。見てるこっちがソワソワしちゃいました(笑)。

ひと夏の恋って切なくて萌えるし、男性同士の恋愛描写に抵抗がない人は、積極的に見てほしい! 僕はそういうお話が特別好きってわけではないですが、それでも楽しめたので男性陣も見られると思いますよ。僕が保証します!

あとストーリーとは関係ありませんが、イタリア人の夏の過ごし方が優雅で、すごい羨ましい! せかせかしてなくて、ゆとりがあって、庭のプールで泳いで疲れたら読書して……。僕もこんな暮らししてみたいなぁ~。

シザーハンズ

訪問販売
全然売れない
ポツン…
そうだ
あの不気味な
お屋敷にも
行ってみよう
え!?
ドン
手がハサミの
人がいた!?
彼は人造人間で
製作者の博士は亡くなり
屋敷に1人ぼっち
可哀想《かわいそう》に…
うち来る?
ここが
我が家よ
!
ちょッ!?
何をして…
チョキ
チョキ

胸キュン
★★★★☆

ピュアな人造人間が恋をする。

くわしくは
104ページ
<<<

すごいッ植木が恐竜に!!
どや
天才的なカット技術
あら素敵ッウチのもやって!!
ウチも!!てか誰!?
ご近所さん
さぁさぁ入って〜
この子は私の娘よ
美人でしょ
3日後にキャンプから帰ってくるわ
ふふ
トクン…
…………

レオン

男は孤独な
プロの殺し屋
ズドン
アパートに
1人で
暮らしている
彼女は隣に住む
少女 マチルダ
マチルダ
買い物行って ㊛
…はい
んッ!?
隣から
銃声…
バン
バン
彼女の父親が
組織の麻薬を
横領《おうりょう》したことで
ゴゴゴ…
一家が皆殺しに
されていた…
マチルダを除いて
……ッ
戻ったら
私も
殺される
ドキ
ドキ
お隣さん
お願い…
ドン
ドン
…
くっ…
かく
まって!!

くせになる
★★★★☆

2人の歪《いびつ》な
共同生活が始まる。

くわしくは
105ページ
<<<

ガチャ
…入れッ
あッ…ありがと
騒ぎが収まったら出ていけよ
オレをまきこむな
……ん!?
ぐすっ
あなたの仕事ってまさか…
殺し屋——!?
ドドド
あぁ…そうだ
勝手に見るな!!
…!!
バタン
ねぇ!!
お願いがあるのッ
なんだ…
?
私に殺しを教えて…
弟の復讐《ふくしゅう》のために——!!
ドン

ホリデイ

2人の女性が失恋した
浮気されたッ
ムカッ
ぐすっ
好きな人が結婚した
こうなったら休暇取って
カタカタ
誰かと家交換して
気分転換よ!!
カタ
カタ
PC
PC
こうして2人はお互いの家を交換した
交換先の家に来たけど…
超豪邸だ
ドーン
プールもついてる!!

どきどき
★★★★☆

家交換で始まる
運命の出会い。

くわしくは
106ページ
<<<

もう一方は
フフ♡
ちょこん
素朴でかわいいコテージ
その夜
うわ～ッ一人旅余計寂しい!!
もう帰りたい
ピンポーン
えっ!?誰か来た
あれ?妹じゃない
ガチャ
家の子のお兄さん!?
あっあの～
今家を交換中で…
けど寂しくてもう帰ろ…
チュ♥
トクン…
え――!?

シェイプ・オブ・ウォーター

冷戦下のアメリカ
宇宙センターの清掃員として働く彼女は、口が利けない
……
大変だ～ッ!!
おいッお前 このなかを掃除しておけ
ダッ
……
スゥ
ッ!?
そこには落ちてる2本の指と、
謎の生物がいた
ドン
チャプン…
ドロ～…
彼女は好奇心でランチのゆでたまごをあげてみた
コトッ
手話で「たまご」の意
ジ～～…
…

純愛
★★★★☆

少しずつ
通い始める心。

くわしくは
107 ページ

独特の世界観とユーモアは僕の思考と似てる!?

『シザーハンズ』

胸キュン
★★★★☆

ティム・バートンの不思議で独特な世界観と、当時のアメリカの世相を反映した街並みとが融合。それがこの作品ならではの世界観になっているところが、すごくおもしろかったですね。ラストシーンの考察をしている人をよく見かけるんですけど、僕としては、まずは何も考えず、この世界観を楽しんでほしいです！

両手がハサミの人間を、どうしたらおもしろく表現できるかなというアイデアが楽しい。ハサミを使えてセンスがあるから美容師をやらせてみよう、庭師をやらせてみようっていう、ティム・バートンのユーモアは、自分のギャグ漫画にも通ずるものがあって、共感できましたね。「特定の能力や性質をもつキャラがこういうことしたらおもしろいよね！」というのを考えるときの脳の使い方が自分と似ている気がして……。そこからどう展開するんだろうってワクワクしながら見ていました。

人造人間・エドワードの見た目もあって、ホラー映画だと勘違いしている人も多いみたいなんですけど、正真正銘の恋愛映画。このビジュアルの主人公で、恋愛ものにするっていうのも意外性抜群ですよね。怖そうだと思って見てなかった人に届けばいいなぁ。

かっこいいとかわいいのギャップに殺《や》られる！

『レオン』

くせになる

★★★★☆

この映画は、メインキャラクターの２人の関係性が見どころですね。すごくギャップがあります！　レオンは寡黙で冷静な殺し屋。マチルダは家族を全員殺されて復讐に燃えている女の子。歪な関係がすごくいいです。これから仲よくなるんだろうなぁ、この２人……とあたたかい目で見れます（笑）。

一見、大人のレオンがすべてリードするかと思いきや、文字が書けなかったり恋を知らなかったりして、大人びているマチルダと立場が逆転しているのが萌えますね。かっこいいのにかわいいレオンと、かわいいのにかっこいいマチルダ、最高です。

メイン２人はもちろん大好きなんですけど、魅力的なのはヴィランです。仕事（殺し）の前に薬をキメて、頭のなかでクラシックを流しながら人を軽やかに殺していくヴィランの姿は、めっちゃ怖いけど、僕は好き。

ジャンルとしてはアクションでもあると思うんですけど、ラブストーリーとして見るのを僕はおすすめします。この映画のキャッチコピーが「凶暴な純愛」なんですけど、ラストシーンを見て、すごく腑に落ちましたね。ただのロリコンじゃないからなッ！

UHD&Blu-ray 発売中
発売・販売：TC エンタテインメント
提供：アスミック・エース

環境を変えるだけで人生も好転するかも!?

『ホリデイ』

どきどき

★★★★☆

発売元：NBC ユニバーサル・エンターテイメント

この映画を見たきっかけはすごく単純で、ジュード・ロウが好きなんです、僕。「あのジュード・ロウが恋愛映画に出てるんだ!?」ってワクワクしながら見ました（笑）。まなざしがセクシーで、惚れ直しちゃいましたね！

恋愛でつらい思いをした女性2人が、お互いの家を交換する話なんですが、そこで新しい出会いがあるんですよ。交換して田舎の家に泊まってみたら、超セクシーなイケメンと出会えるなんて最高のシチュエーションじゃん。

新しい出会いは恋だけではありません。もう1人は偉大な映画脚本家のおじいさんと出会って貴重な話を聞いたことで、強い女性へと変わっていきます。やっぱり環境を変えたり、新しい出会いの場に行くことって、成長につながるんだなと思い知らされました。思い切って新しいことをしてみると、違った人たちに出会えて自分も変わっていくんですよね。

ちなみに僕は最近、ポケモンカードを始めました。ほかの参加者から教わることが盛りだくさんの毎日です。いつもと違うイレギュラーな行動をすることって、とても楽しいなと実感しています！ま、試合はボロ負けですが。

ロマンチックすぎ！これぞ大人のおとぎ話
『シェイプ・オブ・ウォーター』

純愛

★★★★☆

獣人やモンスターのような人以外のキャラクターと人との恋愛を描いた作品だと、最終的にかっこいい、かわいい人間に変身してハッピーエンド！　という展開が多いじゃないですか。そういった傾向に「なんで？　そのままでいいじゃん！」って疑問をもっていた僕からすると、この映画はズキュンときましたね。

この作品は、魚人と人間のラブストーリー。魚人と徐々に心を通わせていくシーンが、とてもかわいくて好きです。たまご……。魚人の警戒を解くために、たまごを渡すシーンとかですかね……。

人種を超えた恋愛って美しいじゃないですか。僕が描いた『ゴリラ女子高生』も、「ゴリラの女子高生が恋愛してもいいじゃん！」ってところから生まれています。僕はキャラクターの個性を重要視しているので、外見がどうであれ、美しい姿になる必要はないと思っています。そのままのキャラクターで、幸せになってほしいんですよね。

この映画は、まさに大人のおとぎ話って感じ。ロマンチックさが魅力的で、「キャーッ！」ってなるシーンもあるので、お子ちゃまにはちょっと早いかな～？　って思う作品ですね（笑）。

天使のくれた時間

空港
やっぱり行かないで
恋人
大丈夫
離れ離れになっても
僕らは変わらない
13年後
独身 最高ッ
男は社長になり仕事一筋だった
ドド
ン
クリスマスなんて関係ねぇ
明日もバリバリ仕事するぞ…
ふぅ～…
パチ
――ん?
横に誰かいる…?
うわ!?
パパ～サンタは!?
ドド
ン
どうしたのあなた?
何だこれ!?

泣ける
★★★★☆

男は本当の幸せを見つけていく。

男は慌てて自分の会社に行ってみると
誰ですか？
？
受付
俺はここの社長だぞ!?
まさかここは…
13年前に彼女と結婚した世界線!?
ハァ
ハァ
も〜ッ どこ行ってたのよ
心配したのよ
ご、ごめん
おぎゃーおぎゃー
おい…赤ちゃん泣いてるぞ
じー
今日はあなたが当番の日でしょ
え!?
とぼけないで
……くそ
あぅ
あぅ
オムツの替え方わからん…
ベリ
ヴッ
ベリ
くっせ〜〜〜ッ
ぷ〜ん
こんな生活嫌だーッ!!
ねぇ
パパじゃないでしょ

くわしくは
116ページ
<<<

燃ゆる女の肖像

18世紀フランス。画家は肖像画の依頼を受けた
画家
条件…?
娘のお見合い相手に送る大事な絵よ そして1つ条件がある
娘には絶対「画家」だとバレないで
え、なぜ!?
娘は結婚を嫌がってる
前に依頼した画家には一度も顔を見せなかった
前に来た画家の絵
こうして画家は「散歩相手」と嘘をつき娘を観察した
ジー…
娘
めっちゃ見てくる…
フ〜一休み…
あの手のポーズ絵に使える
そして記憶を頼りに絵を描く日々が始まる
嫁ぎ先のミラノに行くの不安…
彼女の笑顔が見たい…そうだ!!
はぁ〜…
ミラノは音楽が素敵ですよ
ポロ〜ン♪
そうなの?話して

切なさ
★★★★★

美しくも切ない恋の物語。

音楽は語れません
まぁ!!
嵐が来た
それに稲妻と風
まぁ
まぁ
フフ…続きはぜひミラノで
トクン…
………
数日後、絵は完成
そして画家はお嬢様に真実を打ち明けることに…
じつは私、貴女《あなた》を描きに来た画家なんです
これがその絵です
………

くわしくは
117ページ
<<<

アバウト・タイム
～愛おしい時間について～

我が家の男はタイムトラベルができるんだ!!
ド
はぁ? できるわけないじゃん
できた
スゲー
マジで昨日に戻ってる!?
お前はこの力で何したい?
おかえり
僕は……
彼女をつくりたい!!!
ド
いいと思う
お、おう…
しかし彼女ができぬまま半年が経った
女性はこんなにいるのに…
しかし とある暗闇レストランで
気の合う女性と出会う
メアリーって母と同じ名前!

感動
★★★★☆

時空を超えて
本当の愛を探す。

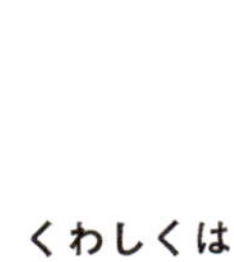

連絡先…教えてほしい
ドキ
ドキ
うん…いいよ
帰宅
はぁ~
同居人の脚本家
どうしたの？
俺が手掛けた舞台の初日
主役が台詞を忘れたせいで台無しさ!!
マジか…
男は上演前に戻りカンペで助ける
ドン
「有罪です! 死刑しかない」
助かる!!
これにより同居人の舞台は大成功
よ~し
あの子に電話しよ~っと…
えッ!?
連絡先が消えてる!?
過去に戻ったせいで彼女との出会いが…ッ
ガーン

くわしくは
118ページ
<<<

オアシス

ひき逃げで服役していた男が出所
ガチャ
失礼しま〜す
被害者の家族に謝りに行くと…
そこには脳性麻痺の女性がいた――
ヒッ
この家の娘さん？
話せないの？
ヒッ
おいっ
帰ってくれ
ズーン
彼女の兄
いや…謝りに
いらない!! 顔も見たくない
わかったよ…
後日
勝手に侵入
やぁ会いに来たよ！
じつは君に一目惚れして
顔がいい
これ俺の電話番号
電話番号
0X0-9800-X8X

心に沁みる
★★★★★

社会から疎外された2人の純愛。

くわしくは
119ページ

ホントにかわいいよ
べぅッ
ドドド…
いい子だから大人しくしてて
ばぁぐ
わッ!?気絶した
バタ
に…逃げよう
ショック
………う〜ッ
ザー…ッ
兄には障害を利用され隣人にはからかわれる
イチャ
イチャ
彼女はむなしく惨めな気持ちだった
かわいい
プル
プル
う〜〜ッ

大切なことは全部 〝奇跡〟が教えてくれた

『天使のくれた時間』

泣ける

★★★★☆

発売・販売元：ギャガ

これは設定がキャッチーでいいんですよね！　過去に好きだった人と、もし結婚してたら……。もし家庭をもってたら……。みたいな妄想って、誰もがすると思うんですよ。それをあえて映画で表現してくれるところがいい。

おもしろいのは、ニコラス・ケイジ演じるバリバリの仕事人間だったジャックが、寝て起きると、昔の恋人と家族になっているという奇跡のような状況。今まで築き上げた社長というキャリアをすべて失い、最初はすごく悔しがります。そして、いきなりできた家族との暮らしに悪戦苦闘するんですけど、徐々に家庭をもつこと、愛する人といる時間が素敵だと感じるようになっていきます。その様子は、見ているだけで心があったかくなります。

20代、30代の仕事中心に生きている人に、ぜひ見てもらいたいですね。仕事もいいけど、家庭をもっていいんだよっていうメッセージを感じてほしい。

ただ、今は多様性の時代なので、幸せの形ってたくさんあるし、家庭がすべてではないと思います。この映画は20年以上前の作品ですからね。僕的には、こういう幸せもあるんだなって軽い気持ちで見てもらえたらと。

繊細さと心情の機微が美しい！

『燃ゆる女の肖像』

切なさ

★★★★★

発売・販売元：ギャガ

フランス映画って見たことなかったんですけど、アートっぽい雰囲気に感動しちゃいました。映像や静かで繊細な空気感が見ていて美しい！

この作品は、2人の関係性がすごくおもしろいんですよね。結婚を嫌がる令嬢と、彼女の肖像画をこっそり描くために遣わされただけの女性画家が、徐々に恋愛関係へと発展していく。いろんな恋愛の形を感じられてよかったです。

テーマは同性愛なんですけど、2人の心の小さな揺らぎや変化がゆっくり丁寧に描かれています。たっぷりとした間《ま》を使っているのに、飽きることなく見られました。

女性画家のマリアンヌは、お嬢様に画家とバレずに肖像画を描くというミッションがありました。芸大に通っていた身として、その依頼の難しさはすごくわかる！

お嬢様のふとした手のポーズが美しくて思わずスケッチするのも、笑顔の肖像画を描きたいから、笑ったところ見せて～ってなるのも、すごくわかる（笑）。笑顔を引き出すために試行錯誤するのもおもしろかったです。

難題だけど、画家としてはめちゃくちゃ成長できるだろうなぁと。終始創作家目線で見てしまいましたね。

すべてをやり直せても命だけはやり直せない

『アバウト・タイム〜愛おしい時間について〜』

感動

★★★★☆

発売元：NBC ユニバーサル・エンターテイメント

冴えない男性が、好きな女性をゲットするため、失敗したらタイムトラベルしてやり直すお話。見事ゴールインしたらハッピーエンドかと思いきや、テーマがガラッと変わって話は続きます。前半は恋愛、後半は家族と死って感じで。そこも特徴的！

タイムトラベルをくり返すことで未来が変わってしまって、本来の子どもが自分のもとへ来ないみたいな矛盾も発生するんですよね。過去に戻るのって憧れますけど、安易にするものじゃないなと、まじめに思いました。

後半の主人公と父との交流のシーンが好き。主人公が父親か子どものどちらかしか救えないみたいな究極の選択を迫られているときに、「十分自分の人生を過ごせたから、私を救うんじゃなくて、お前自身の人生を生きてくれ」と死を受け入れ、主人公に語るんですよね。そこが、いい父親だなぁと僕には響きました。

ジャケットを見て「うわ、キラキラ恋愛ものだ！」と敬遠しちゃう男性陣にも、ぜひ見てもらいたいですね。主人公の動機には、かなり共感できるはず。それにSF要素もあるので、恋愛ものが苦手でも楽しめると思いますよ！

「彼」だからこそ「彼女」とわかり合えた『オアシス』

心に沁みる

★★★★★

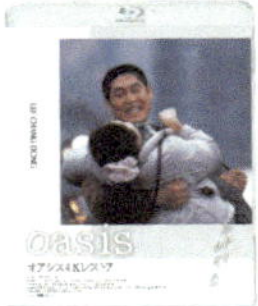

Blu-ray 発売中
発売元：JAIHO
販売元：ツイン

脳性麻痺の女性・コンジュと前科3犯の男性・ジョンドゥが恋に落ちるお話。コンジュに一目惚れしたジョンドゥは、彼女に会うため勝手に部屋に侵入したり、「好き！　かわいい！」ってなったら彼女の体を触っちゃったり、もうメチャクチャ。当然、彼女はそれを怖がって……ってところから、恋愛に発展することに驚き。2人のスタートをこんなふうに描いた恋愛映画は見たことありません。しかも、見終わったあとに感じたこの映画の印象は、「純愛」という言葉がぴったりでした。意外すぎて気になってきたでしょ？

　切ない場面もたくさんありました。もし自分が脳性麻痺じゃなかったらジョンドゥと踊れるのかなとか、普通の人のように遊べるのかなとか、コンジュが空想するシーンがあって、ほほえましいけど、きっとこれは叶わないんだろうなって思うと、言い表しようのない感情になりましたね。

　本当にいい映画で人に勧めたいって思ったんですけど、テーマも重たいし、自分の言葉で説明するのは難しくて。そんなとき、映画紹介漫画があったから、言葉にできない感動を漫画で昇華できました。漫画が描けてよかったなぁ。

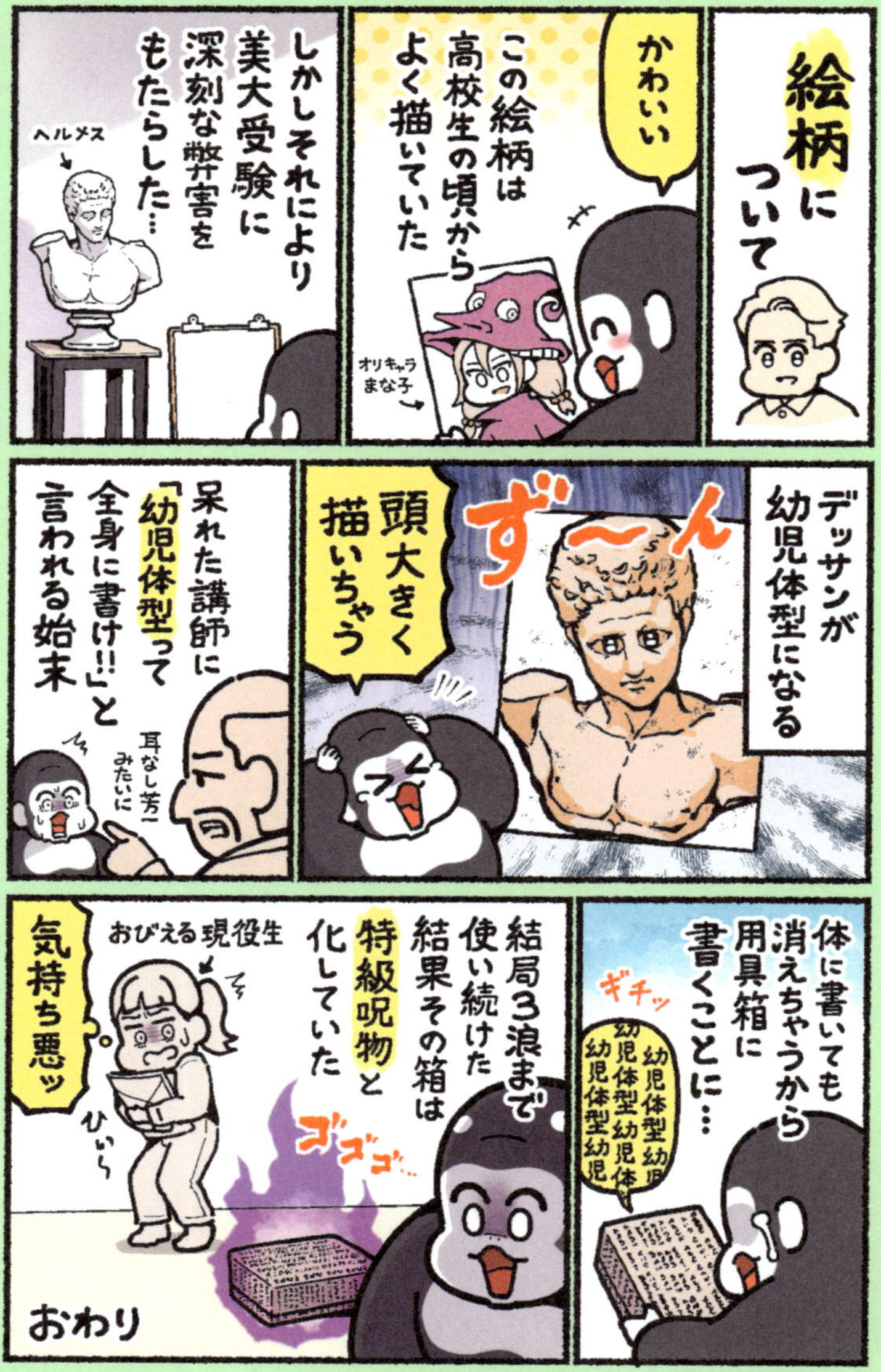
絵柄について
この絵柄は高校生の頃からよく描いていた
かわいい
オリキャラ まな子
しかしそれにより美大受験に深刻な弊害をもたらした…
ヘルメス
デッサンが幼児体型になる
ず〜ん
頭大きく描いちゃう
呆れた講師に「幼児体型って全身に書け!!」と言われる始末
耳なし芳一みたいに
体に書いても消えちゃうから用具箱に書くことに…
ギチッ
幼児体型幼児
幼児体型幼児体
幼児体型幼児
結局3浪まで使い続けた結果その箱は特級呪物と化していた
ゴゴゴ…
おびえる現役生
気持ち悪ッ
ひいら
おわり

COLUMN 2

PART

3

涙が止まらない
悲しい映画

空白

中学生に携帯はまだ早い!!
バン
男は乱暴な性格で娘と2人暮らし
娘は怖い父に怯《おび》え
ギロッ
・・・・
家でも学校でも孤独を感じていた
次の日 スーパーで
ガシ
万引きだな
待てェー!!
ドン
万引きを見咎《みとが》められ娘は必死の逃走

ドロドロ

★★★★★

父の暴走は関係者を追い詰めていく。

しかし逃走中に娘は事故に遭い
命を落としてしまう
ゴゴゴ…
お前のせいで娘は死んだッ!!
カッ
そもそも娘は万引きなんかしない!!
……
本当は娘にイタズラする目的だったんだろ!?
お葬式
撮れ撮れニュースに使えるぞ!!
TV
娘の無実を証明し
絶対に真相を暴いてやる…!!
ドン

くわしくは
130ページ

ラーゲリより愛を込めて

号泣
★★★★★

男は生きる、帰国《ダモイ》を信じて。

男の勇気ある行動はソ連兵の反感を買い
ボカ
死を悼んで何が悪いッ
スカ
よくボコされていた
オーマイダーリン♪
ボロ…ッ
そんな状況でよく歌えるな…
妻と約束したんです…
ママー
日本に帰ってまた会うと…
オ～マイダ～リン♪
かならず帰ると…!!
だから死んでなるものか!!
オーマイダーリン♪

くわしくは
131 ページ
<<<

オンリー・ザ・ブレイブ

森林消防隊に入りたいです!!
ズドン
わかってるのか…?
森林消火は建物消火より危険だぞ…!!
ドン
森林火災の鎮火に使うのは
ゴゴゴ…
水ではない――
逆に火を使う
山火事
おこした火
炎が燃やす木々を先に燃やして食い止めるのだ
生まれた娘のため
バン
ヤク中
ヨシ!!
更生して働き幸せにしたいんです!!!

リアリティ ★★★★★

森林火災と戦った男たちの実話。

くわしくは
132ページ

そして始まる地獄の訓練
急げ新人ッ
火は待ってはくれないぞ!!
ドン
ハァ
ハァ
ザッ
ザッ
その後
火災が発生した
出動だ!!
ザッ
それに今回は重要な審査がある…
ドドド
精鋭部隊《ホットショット》になれるチャンスだ
気合いを入れろ!!!
ドン
オー!!
自然と人々を守るため
巨大な山火事に挑む——!!
ゴゴゴ…

グリーンマイル

私は死刑囚らの看守。
今日は 新たに
凶悪犯が入るらしいが
そんなことより
股間が病気で痛い
そのせいで妻とも
ご無沙汰だ…
奴が
来たぞ
ドン
デ…
デケ〜!!
2メートル
以上あるぞ!?
怖すぎ
かよ…
あれ？ めっちゃ顔
情けなくね？？？
暗いの怖い…
プル
プル
まさかコイツ
見た目
だけか…!?
なんだよ
ビビらせ
やがって
ガシ
えッ!?
コイツ
油断させて
俺の急所《こかん》を
的確に…!!!
殺され…

胸糞
★★★★☆

あれ??
病気の痛みが
みるみる
引いていく!?
はわわっ何これ
気持ちい〜〜〜〜!!!
モミ
モミ
次の日
おいお前
ビク
は、はい
なんですか
ボス…？
股間《アレ》を治してくれて
ありがとう…
アレ？
これは妻から
感謝の印だ
…食え
ズッ
コーンブレッド
あぁ…
いい香り…
ほかの囚人《みんな》にも
分けていいですか…？
イヘッ
コイツめっちゃ
いい奴じゃん!!!

本当に死刑囚……
なのか？

くわしくは
133ページ

本当に最悪！ まさに地獄のような人間関係
『空白』

ドロドロ

★★★★★

監督・脚本：吉田恵輔
Blu-ray & DVD 発売中
発売元：VAP

重めの邦画にハマっていたときに見た映画。人間関係のドロドロした映画は大好物です！ 僕は洋画を見ることが多いけど、邦画ならではの精神にくる嫌な感じがいいです。

スーパーの店長である青柳直人《あおやぎなおと》は、万引きしようとしていた女子中学生を発見し追いかける。逃げた女子中学生は車道に飛び出し、車に轢《ひ》かれ、不運にも死んでしまいます。その娘の父・添田充《そえだみつる》は、娘の潔白を証明しようと、店長をはじめとする事故関係者をどんどん追い詰めていく……というお話。父親がどんどん暴走し、凶暴化していく古田新太さんの演技がすごい！ いっぽうで、店長役の松坂桃李さんの追い詰められていく演技も超リアルで引き込まれました。

最初は「不運な事故だなぁ」と思ったし、店長が気の毒でした。でも、松坂さんのミステリアスな演技が「もしかしたらこの人も悪い人なんじゃない？」と思わせてるんです。名演技でした。

こっちから見たら向こうが悪く、向こう側に立つとこっちが悪く見える状況は、日常でもあることだし、映画でも描かれやすい。でもこの映画は、役者さんたちの熱演により「一体誰が悪いの？」と考えさせられました。

滝のような涙……感動がずっと終わらない

『ラーゲリより愛を込めて』

号泣

★★★★★

Blu-ray & DVD 発売中
発売元：TBS
販売元：TC エンタテインメント

最後は感動の連続で、いつまでも感動が終わらなかった。「こんなに感動したのにまだ続きが!?」って次々と驚くし、さらに！　さらに！　って感動を越してきて、滝のような涙を流し続けてました。実話に基づいているという点も、びっくりです。

戦争映画は、空爆や特攻部隊で人がたくさん死んで悲しいイメージがありますが、この映画はシベリアの強制収容所（ラーゲリ）に収監された日本兵たちのお話なので、戦争は序盤で終わっています。戦争映画独特の見づらさはあまりありません。

主人公・山本《やまもと》幡《はた》男《お》がマジですごい。生き残るためとはいえ、嘘の情報を密告し、自分を陥れた相手を幡男は許すんです。懐がでかすぎる！　彼は、優しくて信念のある男でもあります。亡くなった大切な友達を追悼していたときに、ロシア兵に邪魔されるんですが、それを阻止しようと対抗します。それからロシア兵に目をつけられ、日本兵からも厄介者扱いに。だけど、まっすぐで正義感の強い彼に惹かれる日本兵が徐々に増え、最終的に日本兵みんなを一致団結させ、ラーゲリの劣悪な環境を変えていくシーンは、かなり胸アツ！です。

アツい男たちの仕事ぶりに胸打たれる！
『オンリー・ザ・ブレイブ』

リアリティ
★★★★★

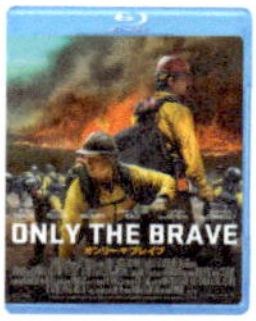

発売・販売元：ギャガ

森林消防隊の実話が基となっていると聞き、「森林消防隊って何？」と気になり視聴。まず鎮火方法に驚きました。超巨大な山火事を消すために、山火事の燃え広がる方向を読み、火事の燃料となる山を先に燃やして鎮火する。水じゃなくて火を使うのが目からうろこでした。そしてラストの壮絶さは実際の災害を基にしていることもあり、本当に言葉にならなかった……。

死と隣り合わせだからこそ、どんな思いでその仕事に就いているのか、その家族たちはどんな思いなのかという部分まで繊細に描かれていて、ストーリーとしてもとてもよかったです。

こういう映画は、消防隊員たちを英雄に描きがちですが、隊員たちが人間らしい悩みや葛藤に苦しむ姿を描いている点もいい！ たとえば指揮官のマーシュは、自分がいつ死ぬかわからないから子どもをつくりたくないと考えていて、奥さんともめることもあった。でも部下は、家族のために別の部隊に移りたいと申し出るんです。それを聞いて、思わず彼は感情をぶつけてしまう……。かっこいいだけじゃない等身大の泥くさい男たちの姿も描かれていて、胸にくるものがありました。

このやるせなさ、どこにぶつければいいんだ……

『グリーンマイル』

胸糞

★★★★☆

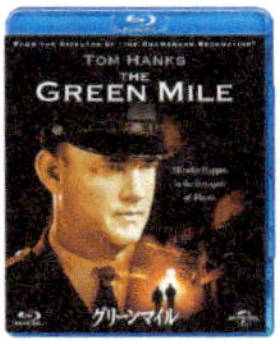

Blu-ray & DVD 発売中
発売元：NBC ユニバーサル・エンターテイメント

切なくて悲しい物語。少女を殺した罪で服役中の大男・コーフィは、見た目に反してめっちゃ優しくていい奴！「本当に彼が殺人を……？」と疑っていたら、魔法のような超能力でケガや病気を治してて、「なんだこいつ!?」となります。

彼は優しいからいろんな人を助けて、みんな彼を好きになるんです。もちろん見ている僕も。そしてじつは彼は冤罪《えんざい》らしく……。そんな彼が電気椅子にかけられるシーンは、めちゃくちゃ印象に残るし非常に悲しい。冤罪と知りつつ、刑を執行しなきゃいけないつらさ。でも特殊能力があるからこその苦悩があり、彼自身が死を望んでいるんです。だから一概に「なぜ冤罪ってわかってるのに刑を止めなかった!?」と怒ることもできない……。考えさせられます。

胸糞がたくさん散りばめられているこの映画のなかで、ネズミの存在がめちゃくちゃ癒やし！芸を教えられていて、上手に芸ができたときにうれしそうにご褒美を食べる姿とかがめちゃくちゃかわいいんですよね。

あとは、超嫌な看守がいるんだけど、そいつも見てほしい。そのウザさがほかに類を見ない最低っぷりで逆に気持ちいいです。

この世界の片隅に

あんたを嫁にもらいたいって人が
ドン
わざわざ呉《くれ》から来てるって!!
へ?
あれよあれよと話は進み
・・・・
どこで会ったかも思い出せない人の家に嫁いだ
早朝 井戸で水を汲《く》み朝食の支度
ん～っ
配給の当番の仕事をしたりと
これがうちの毎日になった
広島の人だから垢《あか》抜《ぬ》けてるかと思ったら
プイ
義姉
冴えないし鈍《どん》臭《くさ》いのね!!
えへへ…

リアリティ
★★★★★

すずさんの日々が始まる。

覚えることが多くて気づくと頭にハゲができてた
う〜…
パン
どうしたのすずさん？
んっ
元気ないけど
気にしてたらハゲは余計ひどくなるよ
あんまり悩まないで
バレてた〜
わ〜っ
夫の周作さんはすごく優しい
イワシ4匹で一家の3食分…
配給がだいぶ減ってきた…
ちょみん…
よ〜しっ
ぎゅっ
知恵と工夫で乗り越えるぞ!!!
ドン
お米は5倍の水で薄めてっと
摘んできた野草
ササッ

くわしくは
142 ページ
<<<

ジョジョ・ラビット

少年には空想上の友達であるヒトラーがいた
いじめっ子を見返すんだ!!
イマジナリーヒトラー
うんッ
手榴弾《しゅりゅうだん》のコツはな…
教官
うぉおおーッ
?
僕は勇敢だ〜
ドドッ
は!?
おいバカッ 危ないぞッ!!
ダダダ
少年は負傷。家で過ごすことに
はぁ〜…
一人でお留守番
もっと訓練したかった
ガタッ
えッ
なんの音!?
この壁隠し扉になってる!?
なかは一体…
ギギギ
ドン
うわッ

ギャップ
★★★★☆

2人だけの奇妙な関係が始まる。

誰!? あのおねえさん
泥棒!?
ドキ
奴はユダヤ人
洗脳を使う悪魔だ!!
だがこれはチャンス…
ドキ
敵の情報を探るんだーー!!
お、おいユダヤ人
バッ
お前なんか怖くないぞッ
なべ
ドン
情報を吐け〜
フタ
ナイフ
ワスッ
じゃあ…イイこと教えてあげる
いいこと!?
ユダヤ人の「弱点」…
えッ!?
やったー!!教えて!!
スッ
パンにチーズにお肉…食べたら死んじゃうの
あ〜怖い
ハッ
!!
ユダヤ人にそんな弱点が
ワー
すごい情報だ
フフ…
ユダヤけんきゅう

くわしくは
143ページ

月に囚われた男

男は月で燃料を採る任務を1人でしていた
そして3年の任期も残り2週間——
ようやく家族に会える…
ビデオメッセージ
月面での業務中
ズキッ
頭痛がッ
あッ!!!
うわぁぁぁあ!!
ドガッ
男は事故に遭ってしまう

見応え
★★★★☆

月の裏に隠された任務の謎に迫る。

う…ッ
ここは…
サポートAI
ムクッ
あなたは作業中事故りました
事故…?
本当だ!!
採掘機が止まってる
直しに行く
ダメです
外出禁止の命令が出てます
知るか
よし着いた
まずはなかの確認だ…
ガチャ
えッ!?
俺!?
ゴゴゴ…
俺が倒れてる!?

くわしくは
144 ページ
<<<

幸せなひとりぼっち

男は妻を亡くし仕事もクビになり
首を吊《つ》ろうとしていた
ワー
ワー
ん？
外が騒がしい
オイッここは通行禁止だぞ
ガミガミ
今日引っ越してきたの!!
だけど駐車できなくて…
バカかッ代われ!!
ドン
若いもんは駐車もできんのか
おぉ〜
次の日
ようやく会えるぞ
妻
ピンポーン
ピンポーン
ピンポンピンポーン
誰だ!?こんなときに

心を育てる
★★★★☆

隣人との交流で変わる男の心境。

昨日はどうも お礼に ご飯どうぞ
は!?
余計なマネを!!
その後
犬にしっこさせるな!!
ガミ ガミ
ブーン
うざッ
通行禁止だぞ!!
いつも怒ってるのね…
ふぅ…
やっと死ねる…
あ
ご飯のタッパーが返されてる
手紙
ありがとう うまかった
ふふ…
ロープが切れた!!
粗悪品売りやがって
手紙

くわしくは 145 ページ

丁寧に描かれた戦時下の日常のリアリティがすごい

『この世界の片隅に』

リアリティ

★★★★★

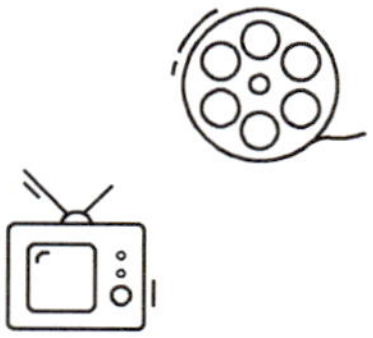

アニメーションの力ってすごいなと感じた作品。空襲でなくなった戦前の広島・呉《くれ》の街や、当時の人々の生活や生命力が細かに再現されていました。映画製作にあたって、緻密な調査や取材が行われていたんでしょうね。そうだとしても実写ではここまでの作品にならなかった気がするんですよ。アニメーションだからこそ表現できた部分が多々あるように感じました。

とくに戦時下を生きる主人公・すずの日常が丁寧に描かれていて、没入感がすごく、終始おもしろかったです。戦時中の人たちがどんなふうに生きていたのかがリアルに伝わってきました。食料の配給だったりとか、顔も知らない相手とお見合いをして嫁いでいったりとか、今とは全然違う生活を知ることができるので、勉強にもなりました。

印象に残っているシーンはいろいろありますが、食事シーンがとくに好きですね。配給される食材がどんどん貧相になっていくなかで、すずさんが米をモコモコに膨らませたり、野草を使った献立を考えたり、工夫して料理をつくります。大変な暮らしのはずなのに、楽しそうなワンシーンが心に残りました。

最高純度のおねショタここにあり！

『ジョジョ・ラビット』

ギャップ
★★★★☆

ジョジョ…!? とタイトルが気になって見た作品（『ジョジョの奇妙な冒険』が好き）。ちなみに中身は全然漫画のジョジョと関係ありません（笑）。

この映画はナチス・ドイツという重いテーマを扱っているのにポップでコミカル！ イマジナリーフレンドのアドルフ・ヒトラーと主人公の少年ジョジョが行動をともにするという設定が斬新でした。

あるときジョジョは、自分の家に宿敵であるユダヤ人少女・エルサが潜んでいるのを発見。この2人の関係性が最高すぎます。おねショタ好きにこっそり教えてあげたいですね。「ここに最高純度のおねショタあるよ」って……。一見、キッズが年上の女の子に弄《もてあそ》ばれているほほえましい光景なんだけど、その背景には、ヒトラーに「ユダヤ人＝悪」だと洗脳されてる少年と、見つかったら殺されるユダヤ人少女という命懸けの宿命もあって、キャラが立っていて漫画の参考にしたくなります。

コミカルだけど、戦争の恐ろしさもきちんと描かれているので、ギャップを感じられます。だからこそ余計に戦争の悲しさや苦しさが襲いかかってきて、そこが泣けますね。

月にもう1人の自分が!? この謎に引き込まれる!

『月に囚われた男』

見応え

★★★★☆

デジタル配信中
発売・販売元：ソニー・ピクチャーズ エンタテインメント

このお話は、地球が燃料資源を使い果たした未来が舞台です。燃料を詰めたポッドを月から地球へ送る作業を、たった1人で行う宇宙飛行士のサム。3年間の契約期間をやっと終え、愛する家族のもとに帰れると思ったら、月でもう1人の自分を発見!! その瞬間、「何これ!? どういうこと!?」と、この映画の謎に引き込まれます。

SFにハマってたときに見たんですけど、SFでもあり、シチュエーションスリラーっぽくてミステリアスな感じもあり、「SFはそこまで好きじゃないな……」って人でも楽しめそう。誰かと一緒に考察を話し合いながら見るのもいいと思います!

作中にAIロボットが出てくるんですけど、かなりいい味出してて主人公の孤独を紛らわせてくれます。ロボットなのに感情が芽生《めば》えたりして、グッとくる! こんないいロボット、ほかに見たことないですね。

97分と短めの作品ながら、設定からオチまできれいなストーリーで、よくできているのでめちゃめちゃ見応えあります。ラストがとにかく胸アツです。その後を考えると切なくもあり……。ぜひ最後まで見てほしい!

絶対、おじいさんのこと好きになるやつじゃん

『幸せなひとりぼっち』

心を育てる

★★★★☆

DVD 発売中、デジタル配信中

いやぁ、これは鉄板のシチュエーションですね。頑固ジジイ・オーヴェは頑固すぎるあまり、街のみんなから嫌われているんですが、お隣に引っ越してきたパルヴァネ一家と関わるようになります。

最初は「なんだコイツら、ダルいな」って感じなんですけど、グチグチ言いながらもパルヴァネ家の奥さんや子どもたちと関わるうちに優しい一面が見えてきて、気づいたらオーヴェのことが好きになってたんですよね。

せっかくたくさん映画を見るんだから、「いい!」と思った設定やシチュエーションを僕なりにアレンジして漫画を描くのもアリだなと最近思うんですよ。たとえばこの映画なら、「偏屈で街の嫌われ者の頑固ジジイが自分にだけは優しい件」って読み切り漫画を描きたいな(笑)。

オーヴェは大切な妻を失い、自分はもう「ひとり」だと考え、死んで妻のもとへ行こうとします。しかし、パルヴァネ一家との交流で、彼はいろいろなことに気づくんですね。大切な人を亡くすことは誰にでも起こることなので、「大切な人を失ったときどうすればいいのか」という心を、この映画で育てておきましょう。

チョコレートドーナツ

ゲイバーで働く男と客の男が出会い
ドキ
ドキ
2人はすぐさま恋に落ちた——
弁護士なんだ!
電話待ってる
弁護士 ポール
帰宅後
隣の部屋の音楽うるさ
ちょっと…
バン
あら…君1人?
ポツン…
隣の母親は薬物で逮捕されダウン症の息子が残されていた
ねぇ…どうしよう!?
職場に来られたら困るよ!!
ゲイだってバレる!!
通報して施設に預けろ
ヒドい…見損なった

心を育てる
★★★★★

３人の生活が始まる。

少年は施設へ連れてかれた
サッ…
さっさとしなさいッ
その夜
ブーン
えッ嘘!?あの子ッ
施設を抜け出して来たの!?
ドン
助けなくちゃ
とぼ
とぼ
好きな食べ物は?
……ドーナツ
あの子はなんの罪もないのに…
可哀想…
……
ヨシッ合法的に引き取ろう!!
ドン
僕たちで
まぁ!!

くわしくは
154ページ

ニュー・シネマ・パラダイス

映写室に入ってくるな
映画大好きなんだもん
お使いのお金でまた映画館行ったでしょ!?
パン
牛乳代の50リラ!!
うえ〜ん
!!
奥さんそいつはタダで入れてやったよ
スッ
ほらその証拠に落とし物…
50リラ
あ、50リラ
ふふ…これは貸しな
どーも
二度と映写室に来んなよガキ

ほっこり
★★★★☆

2人の友情が芽生え始める。

くわしくは
155ページ
<<<

次の日
僕も映写技師になりたい!!
だから来るなって…
ダメだこの仕事は退屈で孤独だからな
ちぇ〜
学校のテスト中
小学校卒業試験の受験者も参加するぞ
ん…
ヨシ入れ
ども…
おじさん???
くそッ全然わからん!!
あわわッ
頼む少年ッこっそり教えてくれ!!
……!!
その代わり…わかるよね?
映写機…
ぐるぐる
ぐぬぬッ…乗ったッ!!!

ヤクザと家族
The Family

シャブ返せぇー!!
ブーン
男は荒れていた
男の父親は覚醒剤が原因で死亡
父
自暴自棄になった男は売人から覚醒剤を盗んだ
こんなモンクソだ!!
ポチャン
その後
死にやがれ
ドガ
ドゴ
うるせぇ食事中だ
組長
え?
偶然居合わせたヤクザの組長の命を救う

男らしさ
★★★★☆

ヤクザとなった
男の人生を描く。

おかげで助かった
ありがとう
名刺
柴咲組組長
薬《ヤク》売るヤクザなんかに俺は絶対ならねぇ
うちは薬やらんよ～
後日 覚醒剤を盗んだことが別の組にバレて襲われてしまう…
ゴゴゴ…
若い臓器は高く売れるぜ… ん？
柴咲組の名刺…!?
…ちッ 勘弁してやるか
そいつは関係ねぇ…
お～ケン坊 ひどい目に遭ったらしいな
……
行くとこなかったら
うちに来ていいんだぞ …ケン坊
ヨシヨシ
うう～ッ

くわしくは
156ページ

私の頭の中の消しゴム

社長令嬢のお嬢様は
建築家志望の男と出会い 恋に落ちる
ゴキュ
ドキ
ゴキュ
うちの娘と結婚など
ド
パパ
絶対に認めん!!
えッ…
お前のような金もないただの労働者に娘はやれん
……
バタッ
娘が倒れた!?
すぐに病院へ連れて行く!!
ッ
バッ
…!!

悲しさ
★★★★★

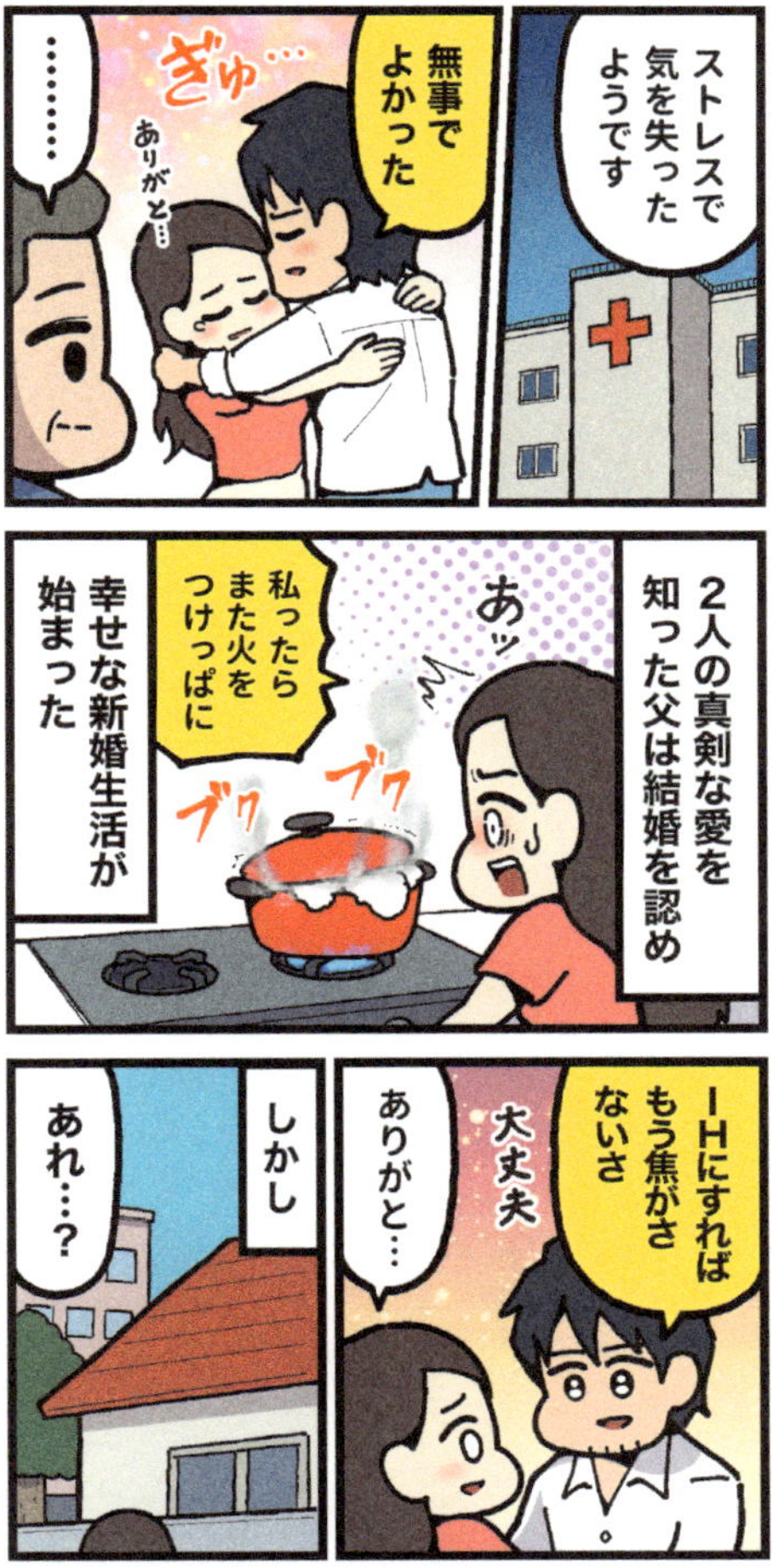
ストレスで気を失ったようです
無事でよかった
ぎゅ…
ありがと…
………
2人の真剣な愛を知った父は結婚を認め
あッ
私ったらまた火をつけっぱに
ブク ブク
幸せな新婚生活が始まった
IHにすればもう焦がさないさ
大丈夫
ありがと…
しかし
あれ…?
家の帰り道って
どっちだっけ——…?
ド ド ド

死より切ない
別れが始まる。

くわしくは
157ページ
<<<

心を育てるために見てほしい映画！

『チョコレートドーナツ』

心を育てる

★★★★★

全米映画祭絶賛！観客賞総ナメの感動作
チョコレートドーナツ

1970年代のアメリカでの実話からつくられた作品です。ゲイカップルが育児放棄されたダウン症の少年を引き取って一緒に暮らすお話。

当時、ゲイのカップルはかなりマイノリティーな存在だったので、偏見や差別を受けていたようです。親権を得るために裁判をするんですが、ゲイのカップルだからっていうだけの理由で批判的な目を向けられる……。社会になかなか受け入れられない苦しさが描かれています。この映画を見て感じたのは、偏見や差別をなくすには「まず知ること」が大事なんだろうなということです。こういう作品を見て知ることで、怖さとか違和感とかがどんどんなくなるはず。心を育てていける、いい映画ですね。

主人公たちのようなゲイの方がSNSなどで発信している感想やコメントを鑑賞後に見ました。同じような立ち場だからこそいえることなんだろうなという内容も多くて、めちゃめちゃ興味深かったし、新たな発見もありましたね。

ラストはやるせなさでいっぱいになるんですが（ネタバレになるのでこれ以上言えない）、ゲイバーで主人公が気持ちを歌にぶつけるシーンがめちゃくちゃいい！心がこもった感動の名シーンです。

映画愛の詰まった優しい映画
『ニュー・シネマ・パラダイス』

ほっこり

★★★★☆

UHD&Blu-ray 発売中
発売・販売元：TC エンタテインメント
提供元：アスミック・エース

映画好きは絶対見てほしい！序盤は、映画が大好きな少年・サルバトーレと、映画技師の老人・アルフレードとの心の交流が描かれていて心温まります。映画を通じて友情が芽生える。ステキ！

　サルバトーレが少年だった頃の映画館は、観客たちがめちゃくちゃうるさい（笑）。感情に素直に映画を見てて、ワーワー騒ぎながら見てるんですよ。今の時代でいう応援上映みたいな感じですかね。これは楽しいだろうな〜って見てました。

　また、当時は規制が厳しくて、キスシーンですらカットされていた時代。「キスシーンがくるぞ！」ってときにブツッと映像が切れて、回復したら次のシーンになっちゃって、観客からはブーイングっていう場面も（笑）。そうやって切り取ったフィルムを、アルフレードからもらってコレクションしていたサルバトーレ。彼がコレクションしていたフィルムだけをつなぎ合わせてできた映像が流れる場面があるんですけど、そこは無性に感動しました。

　この映画といえば、テーマソング「愛のテーマ」！　聴くだけで感動する優しさや懐かしさを覚えるメロディにも注目です。

ヤクザの生きにくさを ヤクザ視点で描く!

『ヤクザと家族 The Family』

男らしさ

★★★★☆

Blu-ray & DVD 好評発売中
発売元:株式会社ハピネットファントム・スタジオ
販売元:株式会社ハピネット・メディアマーケティング

この映画は3つの時代を描いています。1つ目は主人公の山本賢治《やまもとけんじ》がヤクザになるまで、2つ目は賢治がヤクザとしてブイブイいわせていた時代、3つ目は現代を描いています。移り変わっていく構成も魅力的だし、現代のヤクザの生きづらさがヤクザの視点から描かれているのも、おもしろい!

賢治は父親がヤクザの売った覚醒剤のせいで死んだので、ヤクザを恨んでたんです。でもそのヤクザに殺される! ってところで、柴咲《しばさき》組組長に救われて、なんとヤクザになります。その後、どんどんヤクザとして地位が高くなるんですが、どんなに偉くなっても組長への仁義は忘れない。そんなところが、「漢《おとこ》」って感じでかっこよかったです!

そして役者さんたちの演技が、ただただすごいなと感じました。柴咲組組長役の舘ひろしさんの渋さがとくによかった。怖いんだけど優しいところもあって……。舘さんのたたずまいで「そういう人なんだろうな」って、見る人に感じさせる力があるんですよね。一流の役者さんやスタッフさんが結集してつくった映画を見られるって幸せだなぁと噛《か》み締めながら見ました。

結末について誰かと語り合いたい作品

『私の頭の中の消しゴム』

悲しさ

★★★★★

発売・販売元：ギャガ

建築会社の社長令嬢であるスジンと、その会社に勤める建築家志望のチョルス。身分差がある恋愛に、スジンの父親は猛反対するけど、2人の真剣な愛を知り結婚を許し、最高の新婚生活がスタートします。

チョルス役の俳優さんがめちゃくちゃセクシーでかっこいいんですよ。反則級にイケメンだし、夢だった建築士の試験にも合格するし、奥さんは美人だし……。はじめの頃はキラキラしてて、幸せの絶頂なんですよね。ところがスジンが若年性アルツハイマーになって……っていういきなりの落差で悲しさが倍増して、めっちゃ泣きました。

印象に残っているのは、スジンとチョルスがコンビニの入り口でぶつかるシーン。これは2人の出会いのシーンでもありますが、最後の重要な場面でも再び登場するシーンでもあるんです。涙が止まりませんでした。

ただ、ラストについては「本当にこれでよかったのかな。でもこうなるしかないのか？」って、僕的にいろいろ考えちゃって……。ネタバレになるのであまりくわしく書けませんが。みなさんがこの映画のラストについてどう思うのかが気になりますね。

マイ・フレンド・フォーエバー

家の隣に越してきた少年はエイズ患者だった
ゴホ ゴホ
庭に出るなよ バイ菌がうつるから
大丈夫だよ
空気感染はしないから
そうなの?
ヒョコ
じゃあ一緒に遊んでやるよ
2人は友達になった
それもう食べないなら俺にくれよ
隣の母
え…
本当は安全だけど…よその子だからやめとこうね
じゃあ病気が治ったらデカいパフェ一緒に食おうぜ
無理だよ…
たぶん僕が生きてるうちに
治療法は見つからない…
……

友情
★★★★☆

薬を探すために
2人は冒険の旅に出る。

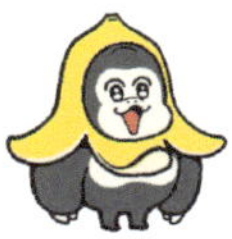

くわしくは
166ページ
<<<

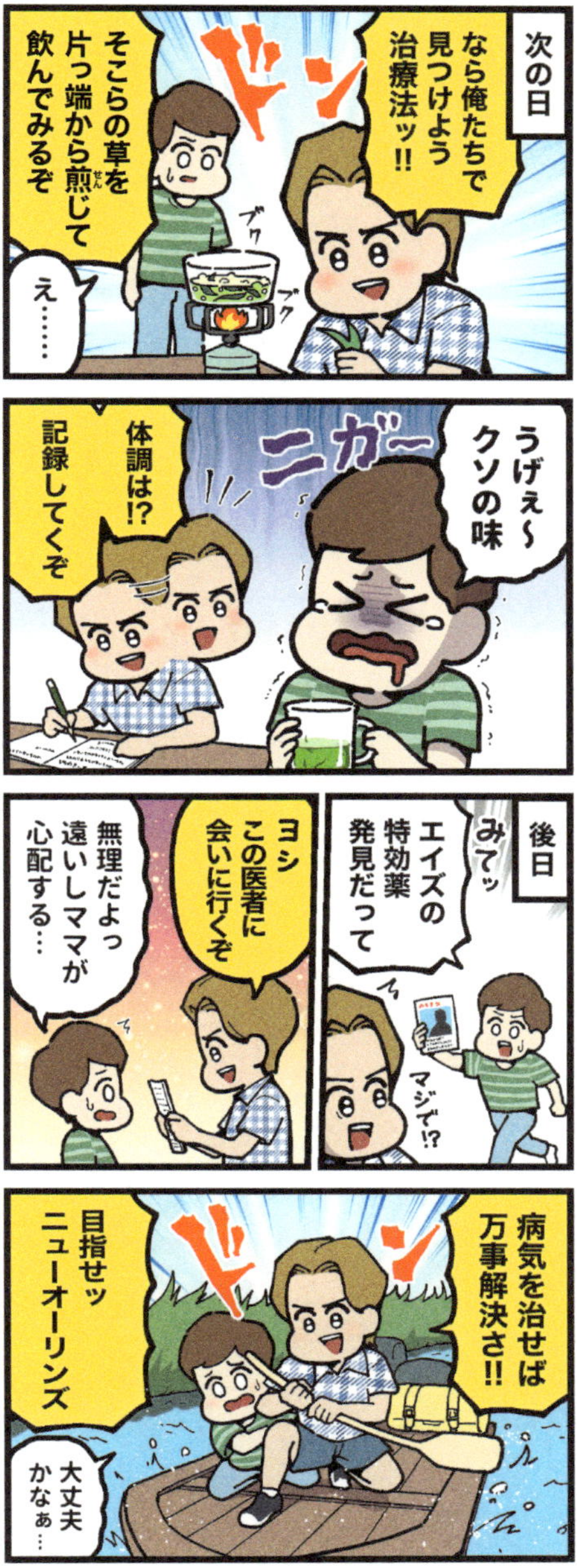

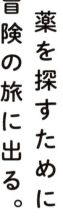

キャスト・アウェイ

急な仕事で ごめんね… はいコレ
スッ
まぁ!!
戻ったら 結婚しよう 絶対すぐ帰る
帰れなかった
うっ…
男の乗った 貨物機は墜落し 気づくとそこは…
無人島
ドン
おーいッ 誰か いないか!?
くそ… 腹減った
バン
わッ!? なんだ
ビクッ
えっ怖…
ガサ ガサ
な…何か いるのか?

孤独感
★★★★★

超過酷な無人島生活《サバイバル》が始まる。

ってコレはヤシの実!?
ン
ド
コイツが落ちた音かッ
ヨシ 早速割るぞ!!
フンッフン!!
ヤシの実硬ッッ!?
バン
バン
バン
逆に石が割れた……
あッ!!
キラ
キラ
割れて鋭利になった石を使えば
グサ
穴が開けられる
グサ
くう〜〜〜ッ♥
ゴキュ
生き返る〜ッ
ゴキュ

くわしくは
167ページ
<<<

ライフ・イズ・ビューティフル

男は素敵な女性と運命的な出会いをする
ドン
いててて
空からお姫様が降ってきた!?
男は抜群のユーモアセンスと真っ直ぐな愛で
どうぞお姫様
まぁ
パッ
見事 彼女のハートを射止める
2人は結婚し子どもも生まれて
このまま幸せな日々が続くと思われた——
ガタンゴトン
この汽車どこ行くの?
大丈夫! 楽しいとこさ

家族愛
★★★★★

男とその息子はユダヤ系イタリア人で
ゴゴゴ…
ナチスの強制収容所に送られていた――
ズン…
何ここ…？帰りたいよ
ゲーム？
これはゲームさ!!
1000点貯めたら
戦車がもらえるんだ
えッ本当!?
パパはポイント稼いでくるから
ドン
看守役の人に見つからないようにな!!
うん！

愛する息子へ優しい嘘を。

くわしくは
168ページ

7番房の奇跡

知的障害の父が殺人の容疑で捕まり
パパ～ッ
？
？
6歳の1人娘と離れ離れに――
7番房
新入りか…何したんだコイツ？
…？
え～と…しょッ
少女殺害!?
房長→
このクズ野郎!!
ボコ
ボコ
極悪人がッ
うわぁ～
休み時間
娘に…会いたい
ズズ…
今日こそアイツ
房長↘
殺してやる…
!?

家族愛
★★★★☆

親子の絆が奇跡を起こす。

死ねェー!!!
グサッ
えッ
新入り!?
俺を庇《かば》って……!?
命の恩人だ
うっ… う～
俺は調達屋だから
礼としてなんでもほしい物やる
言え
娘
会いたい…
はぁ!? そんなのできるわけ
あるぜ
パパー
バッ
娘!?
バレたらヤバいぞ…

くわしくは
169ページ
<<<

見終わったあと、タイトルがより沁みる！
『マイ・フレンド・フォーエバー』

友情

★★★★☆

Blu-ray 発売中
発売／販売元：マクザム

HIVに感染している少年・デクスターと、その友達であるエリックが、治療法を求めて奔走する友情物語。「HIV感染者の友達」というワードに、最後はきっと悲しい結末になるんだろうなぁって思いながら見るんですけど、湿っぽい雰囲気の映画ではありませんでした。少年2人が、純粋に病気を治したいという気持ちでいろんなことにチャレンジしたり旅に出たりする姿は、カラッとしていて見やすく、素直に応援したくなる作品です。

特効薬探しの一環で、「映画で見た知識を試してみよう！」とエリックが言い出して、庭のまわりに生えている雑草を片っ端から煎じて飲ませるシーンがあったんですよ。発想は子どもらしくてかわいいけど、見ているこちらはめっちゃハラハラする……。「毒の草があったらどうすんねん！」「エイズの子は体が強くないし危ない！」って見てたら、案の定、毒素のある草に当たり、救急車を呼ぶシーンが印象に残ってますね。

タイトルの『マイ・フレンド・フォーエバー』がめちゃめちゃいいんですよね。映画を最後まで見たら、このタイトルがより沁みると思います。彼らの未来、人生を想像しながら見てほしい！

孤独なはずなのに、どこかワクワクする
『キャスト・アウェイ』

「帰ったら結婚しよう」っていうベッタベタのフラグを立て、飛行機に乗るチャック・ノーランド。あんなセリフを言ったからには無事に帰れるわけもなく……見事無人島に漂着（涙）。これが「キャストアウェイ（漂流者）」、過酷で孤独なサバイバルの始まりです。

　よく漫画など、ほかの作品でパロディ化される、「ウィルソン」ってネタを知ってますか？　その元ネタがこの映画です。

　精神を保つため、チャックはバレーボールに血で手形をつけ、顔を描きます。ウィルソンという名前をつけ、友達のように会話をして孤独を紛らわせていました。それが、数年という長い年月をかけ、本当に大切な親友になっていくのです。無人島を脱出するときに、2人のお別れのシーンで「ウィルソーーーーン！」と叫ぶんですけど、それが元ネタとなってます（笑）。

　無人島から生還したら、「よかった！」って思うじゃないですか。でもそんなうまくいかないんですよね。元の暮らしに戻っても、彼は孤独を感じていて、ずっと漂流者のままなんだなと切なく感じました。そんな後半のパートも見てほしいです。

孤独感

★★★★★

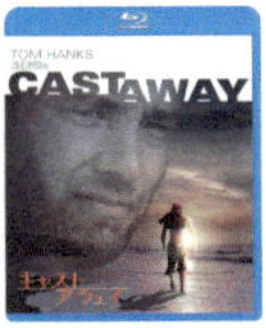

Blu-ray & DVD 発売中
発売元：NBC ユニバーサル・エンターテイメント

父の優しい嘘に家族への愛を感じる
『ライフ・イズ・ビューティフル』

この映画はホロコースト（ナチス・ドイツによるユダヤ人迫害・虐殺）時代の強制収容所が舞台になっています。物語の前半は、主人公であるグイドが高嶺の花であるドーラに恋をし、結婚、子どもが生まれ、家族で幸せに暮らしていました。

後半では、家族3人は強制収容所へ連れていかれてしまい、壮絶で悲惨な話へと展開が急変します。

ここで感じたのが、父・グイドのかっこよさ。前半での彼は、ドーラを笑わせるために道化を演じておバカなことをいっぱいするんです。正直ちょっとウザかったんですけど、その道化っぷりを、収容所でも貫くんですよね。息子を不安にさせないために。怖い状況で子どもを泣かせないため「ここにいるのはゲームだ。見つからないようにかくれんぼしよう！」という優しい嘘をつき続けます。前半の道化っぷりが前振りになってて、彼の父親としての男前な生き様が胸に刺さりました。

ナチスをテーマにした映画は多くあると思うので、いろんな作品に触れるためにもまずこれを見て歴史を勉強しておくのもいいかもしれない。ほかの映画を楽しむ土台づくりとしてもおすすめの映画です！

家族愛

★★★★★

Blu-ray & DVD 発売中
発売元：NBC ユニバーサル・エンターテイメント

「韓国映画スゲェ!!」と思わされた映画の1つ
『7番房の奇跡』

家族愛

★★★★☆

デジタル配信中

泣きたくて見たら、まんまと泣かされた（笑）。少女殺害の容疑で収監された知的障害をもつ父・ヨングと、その娘・イェスンの親子愛を描いた映画なんですが、娘さんがいるパパさんが見た日には……絶対に胸が締めつけられる！　切なさいっぱいのお話です。

僕は映画紹介漫画を描くときにもう1回見たんですが、冒頭の黄色い風船を見ただけで泣けた……最初見たときは「この風船なんだろう？」って思ってたのが、2回見るとその意味に気づくってことよくあるじゃないですか。まさにそれです。

主人公・ヨングは、最初同じ7番房の囚人たちにいじめられたりもするんだけど、ヨングの純粋さや優しさ、娘に会いたいという切実さにみんなが心を打たれ、娘に会わせるために全員が協力するところが最高！

ふつうなら、看守にバレずに娘を7番房に運ぶとか、脱獄とか、「無謀だろ！　無理だろ！」って思うんですけど、そこは韓国映画ならではのコミカルさで乗り越えていて笑えるんですよね。それでいて、監獄モノならではのワクワクもあって、最後は号泣。いろんな意味で、楽しめると思います。

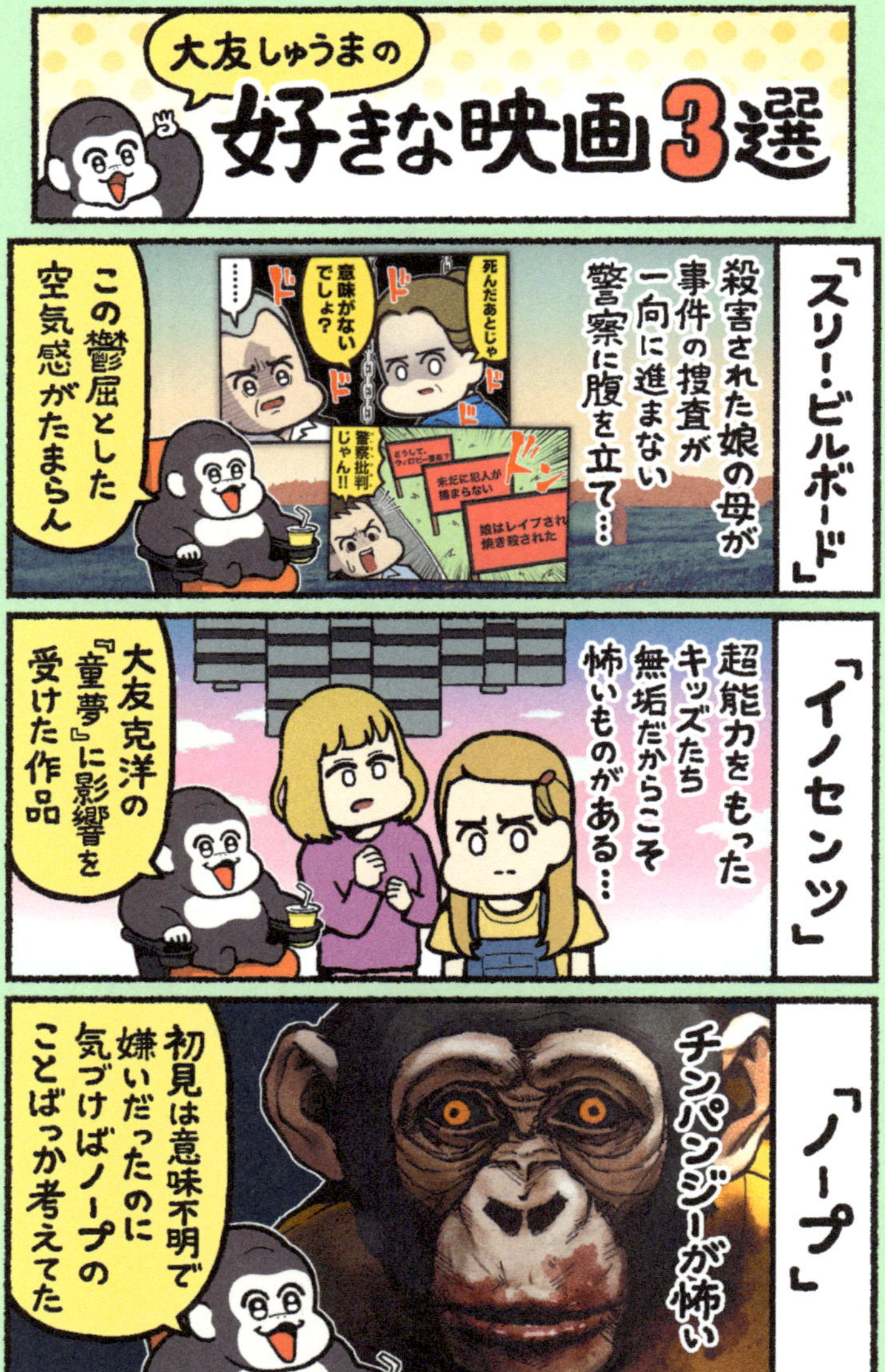
大友しゅうまの
好きな映画3選
「スリー・ビルボード」
殺害された娘の母が事件の捜査が一向に進まない警察に腹を立て…
死んだあとじゃ
意味がないでしょ?
……
ドドドドドド
警察批判じゃん!!
未だに犯人が捕まらない
娘はレイプされ焼き殺された
ドン
この鬱屈とした空気感がたまらん
「イノセンツ」
超能力をもったキッズたち無垢だからこそ怖いものがある…
大友克洋の『童夢』に影響を受けた作品
「ノープ」
チンパンジーが怖い
初見は意味不明で嫌いだったのに気づけばノープのことばっか考えてた

COLUMN 3

COLUMN 3

PART

4

アツくて号泣
笑い・青春映画

ズートピア

アイスキャンディを売ってほしい
息子のためにに…
ダメだ
チュー
ここはゾウ向けの店なんだ
ゴゴゴ…
キツネは信用ならん帰んなッ
そんな…
ちょっと
警察よ!!
ドン
この優しいパパと息子にも売ってあげて
ありがとう助かったよ
いいことしたわ～
いえいえ
その後
よしよし
ドロ ドロ
ん…!?
あれはさっきの

ワクワク
★★★★☆

最悪の出会いから始まる2匹の壮大な物語。

くわしくは
180ページへ
<<<

買ったアイスを溶かしてる!?
ドン
ジャバ
ジャバ
ツー…
なんでッ!?
そして雪につけた足跡に液を流し込んでる?
ズボ
ズボ
ドプュ
ドプュ
この辺りかな…
ゴロゴロ…
アイスキャンデ
まさか…
さぁさぁアイスはいかが〜
ドン
安いよ〜
2ドルね
最悪の転売ヤーみたいなことしてるッッ!!!
ウキ
ウキ
わー
ガジ
ガジ
ずるいキツネ!!
ザザッ
ちょっといい!!
何だいまぬけなウサギ
ガジ
ガジ
ガジ

バーレスク

バーレスク
この華やかな世界に憧れた1人の女性がいた
かっこいい…!!
私もこの舞台に立ちたい
ここで働かせて
オーナー
ダメよ また今度ね
くぅ〜
なら勝手にウェイトレスをしてでも
ここで働いてやる!!
なんだアイツ…
そして仕事をしながら舞台を観察し 勉強した
ダイヤモ〜ンド
じ〜…
ダイヤモ〜ンド
フゥ〜
早く酒を出せ

胸アッ
★★★★★

数日後 ダンサーのオーディションが行われた
ペコ
ありがとうございました
全然ダメ 収穫ゼロね…
ちょっと待った!!
私のダンスも見て!!
ドン
面倒なのが来たわ…
はぁ～
はいはい
そこまで言うのなら踊ってみなさい
やったー
彼女が踊り出した途端
!!
ドン
この場にいたすべての者が釘づけになった
ほぉ……
粗いけど まぁいいわ… 合格よ
えッマジ
ヤッター
おもしろそうな子が来たわね…
フフッ…

バーレスクの世界を駆け上がる。

くわしくは
181 ページへ
<<<

MONDAYS このタイムループ、上司に気づかせないと終わらない

斬新さ
★★★★★

このタイムループを止められるのか!?

…で？ループの原因は？
部長です
呪いの石
部長がしてる呪いの腕輪
？
ループを止めるには部長にこの事態を気づかせて
ゴゴゴ…
みずから腕輪を壊してもらう必要があります
本に書いてありました
……
呪いの石
ならすぐ部長に伝えに…
無駄です
サッ
下っ端の僕らがいきなり部長に話しても
取り合ってくれません
なので1つずつ上の役職に伝えていくしかないんです!!
上申制度
部長
平さん
森山さん
今ココ
吉川さん
僕ら
めんどくさッ

くわしくは
182ページへ
<<<

ハロー!? ゴースト

自殺に失敗した男が目を覚ますと
……
プハ〜
??
幽霊に取り憑かれていた
しかも4人
なんだコイツら!? 重い〜ッ!!!
男は幽霊たちに体を乗っ取られまくる
ゲホ ゲホ
喫煙
お菓子
飲酒
うげ〜
死にたいのに邪魔されるッ!!
霊たちの望みを叶え
ドン
霊媒師
ダル…
成仏させてやるしかない

号泣 ★★★★★

幽霊たちとの奇妙な暮らしが始まる。

くわしくは
183ページ
<<<

というわけで
僕があなたたちのやり残したことを叶えます…!!
お!
まずはジジイ幽霊と同行することに
どうして僕がこんな目に…
はぁ〜
!
スーッ
……
ほ〜
ドキドキ
やぁお嬢さん
?
サッ
わしと一緒にお茶しないか?
ドン
勝手に口説くな〜
は!?

行ってみたい街ナンバー1！ワクワクが詰まった映画
『ズートピア』

ワクワク
★★★★☆

動物たちがめちゃくちゃかわいい！　メインの2匹の関係性もいいですよね。「頑張るぞ！」とやる気に満ちたウサギ初の警察官・ジュディと、気だるそうな詐欺師のキツネ・ニック。正反対の2匹がタッグを組んでるところがね、最高。

『ズートピア』は、人種差別を取り扱った作品だといわれています。その社会問題を肉食動物と草食動物でわかりやすく表現しているんですが、無理やりでなくきちんとハッピーエンドに着地するんですよね。もっていき方がうますぎる！「大人も子どもも楽しめる」というのはこういうことか！」ってなる作品です。

大小さまざまな動物たちが暮らすズートピアの街は、その構造にクリエイターたちのアイデアがてんこもりに詰まっていて、テーマパークみたい！　見ているだけで楽しくて、実際歩いてみたいって思っちゃいます。行ってみたい街ナンバー1です。

作中にジュディがニックの胸で泣くシーンがあるんですけど、あそこは悶《もだ》えましたね……。だましだまされ合っていた2匹が、どうやってここまでの関係になっていくのか、その経緯にもぜひ注目して見てほしいです。

見るだけで元気になれる豪華なショーシーン！

『バーレスク』

胸アツ

★★★★★

デジタル配信中
発売・販売元：ソニー・ピクチャーズ エンタテインメント

第一の感想は、「バーレスクのショーのシーンがとにかくかっこいい！」。きらびやかな衣装や、しびれる歌声、キレキレのダンスなど、見ていてしびれるシーンが多かった印象です。バーレスク・ショーに行ったことがないんで、「こんな世界があるのか！」と感動しっぱなしでした。

この映画は田舎町出身の主人公・アリが、歌手を夢見てロサンゼルスへと向かい、そこでたまたま見たバーレスクのショーに魅了され、「自分もあのステージに立ちたい！」という夢を追いかけるサクセスストーリーです。だからこそ、夢を追いかけている人、とくに女性はかなり刺さると思います。夢への階段を駆け上がる彼女の姿を見ているとスカッとするし、めっちゃ気持ちいいんですよね。

アリのステージパフォーマンスには毎回気持ちが奮い立たせられるんですが、一番「あちぃ！」ってなったのが、はじめての歌唱シーンですね。ステージ中、アリをねたんだダンサーによる嫌がらせにあって、急遽《きゅうきょ》生歌を披露するシーンがあるんですけど、それがめちゃくちゃうまくって。忘れられない名シーンです！　目と耳と心で楽しんでください！

日本の会社あるある×タイムループが斬新！

『MONDAYS このタイムループ、上司に気づかせないと終わらない』

斬新さ

★★★★★

このタイムループ、
上司に気づかせないと
終わらない
MONDAYS

©CHOCOLATE

月曜日の朝、主人公の朱海《あけみ》は後輩2人組から同じ1週間をずっとくり返している（タイムループしている）と報告されます。そのタイムループの原因が部長にあることまではわかったものの、「上申制度」があるので、すぐに部長と話すことができないんですよね。

　日本の会社ならではの上下関係のルールとタイムループとを掛け合わせているのがおもしろい！タイムループを扱った作品って多いので、「知ってるよ。こういうのね？」って感じで、マンネリ化する作品があったりしますが、この映画は設定がおもしろいのですごく斬新に感じました。有名なテーマやジャンルでも、アイデア1つでこんなに真新しいものになるんだなと衝撃を受けた作品です。

　日々の仕事に退屈している人や、毎日同じことのくり返しだなと思っている人におすすめだと思います。見たら共感とスカッとが同時に味わえます。

　余談ですが、僕は劇中に出てくる「鳩のポーズ」がお気に入り。タイムループに気づくきっかけとなる「窓に鳩がぶつかるシーン」を表すハンドサインで、劇中で登場人物がやっているんですが、ついやりたくなってしまう（笑）。

涙の瞬間風速がとにかくすごい『ハロー!?ゴースト』

号泣

★★★★★

DVD発売中、デジタル配信中
発売元：ツイン
販売元：NBCユニバーサル・エンターテイメント

僕は映画紹介漫画を描いているくせに、自分から映画を積極的に人におすすめすることってないんです。でもこの映画は、見終わってすぐ家族に「よかったよ」と連絡しました。

主人公のサンマンは大量の薬を飲んで自殺を試みますが失敗。病院で目を覚まし、そこにいた4人の幽霊に取り憑《つ》かれます。

彼に取り憑いて幽霊たちはこの世でやり残したことを解消していくのですが、それを通してサンマン自身も成長していくのが、本作の見どころですね。笑いもありつつ、最後に感動が畳みかけてきます。信じられないスピードで涙があふれました。

じつは僕も、中学生のときに大量の睡眠薬を飲んで自殺未遂したことがあって。目が覚めたら病院、というサンマンと同じような経験をしました。それまでは今後の生きる楽しみも感じられなかったのに、目覚めたときに感じた「生きててよかった」っていう解放感がすごかったのを覚えてます。過去の経験とも重なって、よりこの映画が刺さったのかも。

個人的には、個性的な幽霊たちがほほえましかったです。取り憑かれたサンマンの性格がコロコロ変わるシーンがおもしろかった！

21ジャンプストリート

高校時代 2人は険悪な仲だった
やーい ダサ男
人気者だけどバカ
秀才のナード
……ッ
7年後 偶然 警察学校で再会
あッ
これは重罪
ん～
がんばれ
2人は互いの欠点を補うため協力する――
そして晴れて警察官に
俺たち最強コンビ
ドン
大事件を解決してやるぜ!!
（大親友）
お前らポンコツは高校に潜入して
上司
麻薬を取り締まれ
は？
え

笑い泣き
★★★★★

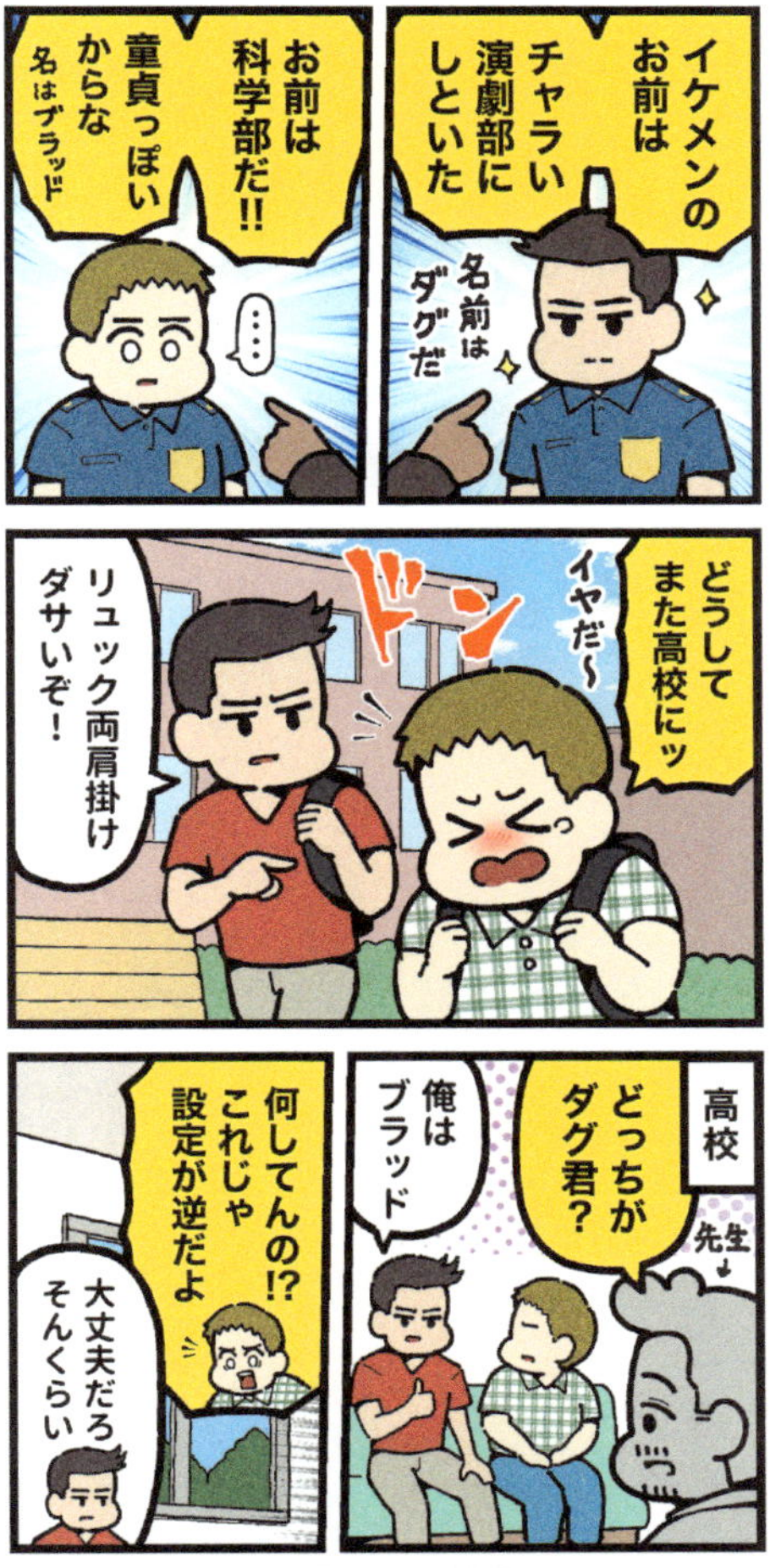

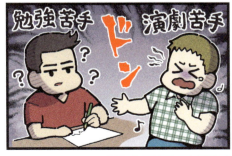

凸凹コンビによる
潜入調査が始まる。

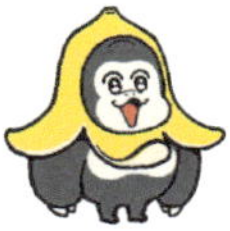

くわしくは
194ページへ
<<<

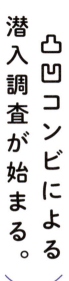

ピンポン

よっしゃ～
また俺の
勝ちぃ!!
ペコ
「おい」
あっ
チャイナだ
中国からの
留学生《しかく》ッ!!
…・
「そこのお前
俺と戦え」
ド
辻堂
勝負だ
チャイナ
「ん?」
「俺が戦い
たいのは」
「そこの
メガネだ」
ボク…?
スマイル
俺が怖いのか
チャイナ～?
かかって
こいよッ
パンダ野郎
へいへ～い
・・・・・・
辻堂

胸アツ
★★★★★

うわぁ〜ん ※スコンクで負けた〜
バタ
ジタ
負けると泣くの悪い癖だよ
そんなペコ見たくない
そしてインターハイ予選 開幕――!!
「フフ」
目指せ頂点
「ようやく君と戦える」
……
片瀬
観客の予想とは裏腹に
あのチャイナを圧倒するスマイル
強すぎる…なんて才能だッ!!
………スマイル
目指せ頂点
フン♪フン
片瀬

※スコンク：無得点で負けること

卓球少年たちの
アツい夏が始まる。

くわしくは
195 ページへ
<<<

さかなのこ

タコさんお家で飼っていい？
つかまえた
いいわけないでしょ
ママ
……
うね
うね
いいわよ
その代わりお世話すること
わーい
いいの!?
お〜立派なタコだな!!
パパ
どれ貸してみ
タコはこうするとうまくなるんだ!!
ベチン
わッッ!?!?
タコさーん!!!
ベチン
どうだミー坊美味いだろ
ん〜〜っ
おいしぃ…
下校中
ギョギョ？
ギョギョ!?

憧れ
★★★★☆

そのままで、
きっと大丈夫。

くわしくは
196ページ

お魚さんのこと好きなんですか!?
ドーン
ぎょぎょ
変わり者のギョギョおじさんだ
逃げなきゃ…
友達になった
上手に描けてるね
(おじさんの家)
ミー坊お魚博士になる!!
ピンポーン
チャイム…?
ギョギョ!? こんな時間
署までご同行願います
児童誘拐の容疑で…
ドン
ギョギョ!?
おじさんを逮捕しないで
お巡りさん!?
ミー坊…お魚博士になってね
パサ…
ギョギョおじさ～ん
何これ?

センス

コーチ・カーター

問題児だらけの弱小バスケ部に新コーチが現れた
ドン
まず君たちには契約書にサインしてもらう
部活で契約書？
そうだ条件は…
授業には絶対出席することそして最前列に座ること…さらに
はぁ!? そんなん誰が守るかよッ
ふむ…
契約書
口答えしたからダッシュ50本だ
ダ
ダ
ダ
ざけんなッキツすぎだろ
反抗的な態度だな…追加で100本だ
ひぃ〜!!
数週間後の開幕戦
不安だ…
結局走ってばっかで攻めの練習しなかったもんな…
ドキ
ドキ
君たちは何を練習してきた？

熱血
★★★★★

少しずつ生まれ始める人間関係。

え、だから…走りを…
じゃあ攻めでは何をする？
………走る？
そうだ!!君たちはシュートの能力はあるッ
ドン
そこに持久力が加われば敵なしだ!!
とにかく走ってこい
ダ
ダ
ダ
ダ
スゲェ…敵を振り切れるぞ――!!!
ヨッシャー
開幕戦勝利ッ!!
ワー
うぉ～!!
いぇーい
…ハハッ
パチ
パチ
パチ

くわしくは
197ページへ
<<<

頭空っぽにして笑って、涙出たわ
『21ジャンプストリート』

笑い泣き

★★★★★

デジタル配信中
発売・販売元：ソニー・ピクチャーズ エンタテインメント

この映画を知っている人は「なんで泣ける映画大全にこの映画が？」って思いますよね。「頭を空っぽにしてとにかく笑える映画」が1本くらいあってもいいんじゃないかって思って。泣き疲れた人はぜひ！

高校時代いじめっ子だったジェンコと、いじめられっ子だったシュミットは、偶然警察学校で再会し、互いの弱点を補い合って無事警察学校を卒業。晴れて新人警官となってバディを組み、高校で起きている犯罪を取り締まるため、高校生になりすまして潜入します。おもろさ満点の設定と関係性が好きです！

高校時代の思い出さえなかったシュミットが、潜入捜査をしながら青春を取り戻すところもいいですね。僕は男子校だったんで、「共学の高校に入って青春を謳歌《おうか》したい！」って思うし、仕事そっちのけで学生生活に夢中になるところにも共感（笑）。

この映画は、1980年代のテレビドラマを映画化したものなんですよ。テレビドラマ版で主人公を演じたのは、あの有名な映画スター！　彼がこの映画にもちょい役として登場します。かなり贅沢《ぜいたく》な使い方をしてるんで、そこにも注目して見てほしいです。

全セリフが名言レベルで好き

『ピンポン』

胸アツ

★★★★★

原作：松本大洋『ピンポン』（小学館「ビッグコミックスピリッツ」刊）

『ピンポン』は、小学生の頃にめちゃめちゃハマって見てました。主人公のペコがラケットに自分でオリジナルのマークを描いていて、それをマネして僕もオリジナルのマークをラケットに書いてましたね（笑）。

ご存じの方も多いかもしれませんが、この映画の原作は松本大洋先生の漫画です。『ピンポン』はアニメ化もされていて、どれもおもしろい。完璧なストーリーと個性豊かな登場人物……。映画から入った人は、原作、アニメも見てほしいですね。

僕は漫画を描いてて「ダルい～描きたくないな～」と思うことが時々あるんですけど、そんなとき、脳内にキャラクターが現れて名セリフを言って奮い立たせてくれるんですよ。その1人がこの映画に登場するドラゴンで、「飛ぶのだろうが！」（ドラゴンがペコに放つ、俺に勝つんだろうが！　俺を超えるんだろうが！　的なニュアンスの言葉）と叫ぶんです。ほかにも「反応反射、音速高速」は誰もが言いたくなるセリフです。

映画紹介漫画を描くために最近見返しましたが、マジで全部が名言！　どのセリフもいいな～ってなりました。くじけそうになったときには、ぜひ！

好きなことをやり続ける人生でありたい

『さかなのこ』

憧れ

★★★★☆

監督：沖田修一
Blu-ray・DVD　発売中
発売・販売元：バンダイナムコフィルムワークス

魚類学者・さかなクンの自叙伝に基づいて、フィクションを混ぜてつくられた本作。映画に登場する「ギョギョおじさん」を、さかなクン本人が演じているのがおもしろい！

　ギョギョおじさんは実在しない人物らしいですが、映画で描かれるギョギョおじさんは、さかなクンのイフ（もしも）の人生なのかもしれません。魚好きを極め、今の輝かしい人生があるいっぽうで、就活に失敗して貧乏で……というギョギョおじさんみたいな人生ルートもあったかもしれないみたいな、と。そう思って見ると、ギョギョおじさんがミー坊にかける言葉は、さかなクンが過去の自分に声をかけているように感じて、めちゃくちゃ沁みましたね。

　大人になるにつれて「受験しなきゃ」「就活しなきゃ」という思いで、自分の好きなことだけやってたらダメだと感じることは、誰にでもあるはず。僕もその１人です。それが世間の〝当たり前〟だからです。だからこそミー坊が「お魚が好き」を貫いて生きる姿に憧れるし、自分もこうありたいなぁと思って見ていました。成功だけにとらわれず、好きなことをやり続ける人生でいたいなと思わせてくれる映画です。

生徒想いで、芯がブレないコーチかっけー

『コーチ・カーター』

熱血
★★★★★

DVD発売中
発売元：NBCユニバーサル・エンターテイメント

高校の悪ガキたちが所属するバスケチーム。個々の才能はあるけどまとまりは最悪！　そんなチームメンバーが、熱血コーチの指導によって更生し、強くなっていく様子は、「スポ根」って感じですごく楽しめます。

だけど、それだけじゃない！　コーチはチームを強くするとか試合に勝つとかではなく、それ以上に生徒たちの将来を一番に考える人なんです。本当にいい大人だなと感心させられました。

リーグ戦という大事な試合にもかかわらず、成績の悪い生徒たちに勉強をさせるために体育館を封鎖するという大胆な行動！　ふつうだったら親の目や学校の評価を気にして、そんなことできないじゃないですか。でもこのコーチはやってのけるんですよ。

フィクションの世界と思いきや、この話は実話らしいんですよ。だからこそ、自分の信念を曲げずに貫いたコーチは、マジでかっこいいと思いました。

部活というテーマの映画なので、学生さんが見ると共感できる部分も多いんじゃないかな。でも大人が見ても、昔の自分と重ねてアツくなれる人もいるだろうし、思春期の子どもへの接し方も学べる気がします。

COLUMN 4

Q 漫画家を目指したきっかけは？

大学で「仕事にするなら漫画」と再認識したこと

小学生の頃、ジャンプ作品のパクリ漫画を描いたりしていました。その頃から漫画家になりたかったけど、長く苦しい浪人時代の影響で、いつしか漫画家の夢も消失。大学に入り、教授の評価や課題そっちのけで自分のやりたいことを模索した結果、「一生仕事にするなら漫画だな」と改めて思いましたね

Q 映画紹介漫画を描いて何か変わった？

生きるのが楽しくなった！

週刊連載終了後に映画を見るようになって、人生が豊かになりました。人生において娯楽を楽しむ時間って本当に大切。おもしろさを読者にわかりやすく伝える力がついたことや、感動を「話して」伝えることが苦手なので、こういった感情をぶつける手段が生まれたのも助かってます

PART

5

動物たちと心を通わせる愛の映画

僕のワンダフル・ライフ

人間に捕まって
車内に
置いてけぼり…
水…
あッ
ママ見て!!
子犬が暑さで
苦しそう!!
ハァ
ハァ
少年は僕を
救ってくれた
バリーン
!
このとき僕は
決めたんだ
この子を
離さないって
あはは
取ってこい
ベイリー!!
ピョン
パク
なんて最高の
犬生《けんせい》なんだ!!
毎晩 幸せを
感じた
イーサンと
一緒だし
イーサン
僕は猫でも
ないしね
猫は犬に
なりそこ
なったらしい
シャーー!!

健気《けなげ》さ
★★★★★

あっという間に月日は流れた――
イーサン
イーサン
食べ物の取り合い？
またペロペロしてる…
農業学校に行くんだ
しばらく会えないよ
？
なんで行っちゃうの――？
わからない…
ブーン
僕らの絆は強いはずなのに…
う～…
ハァ
ハァ
もう…
また…イーサンに会いたい――…
あれ――…!?

また子犬に戻ってるッ!?
ドン

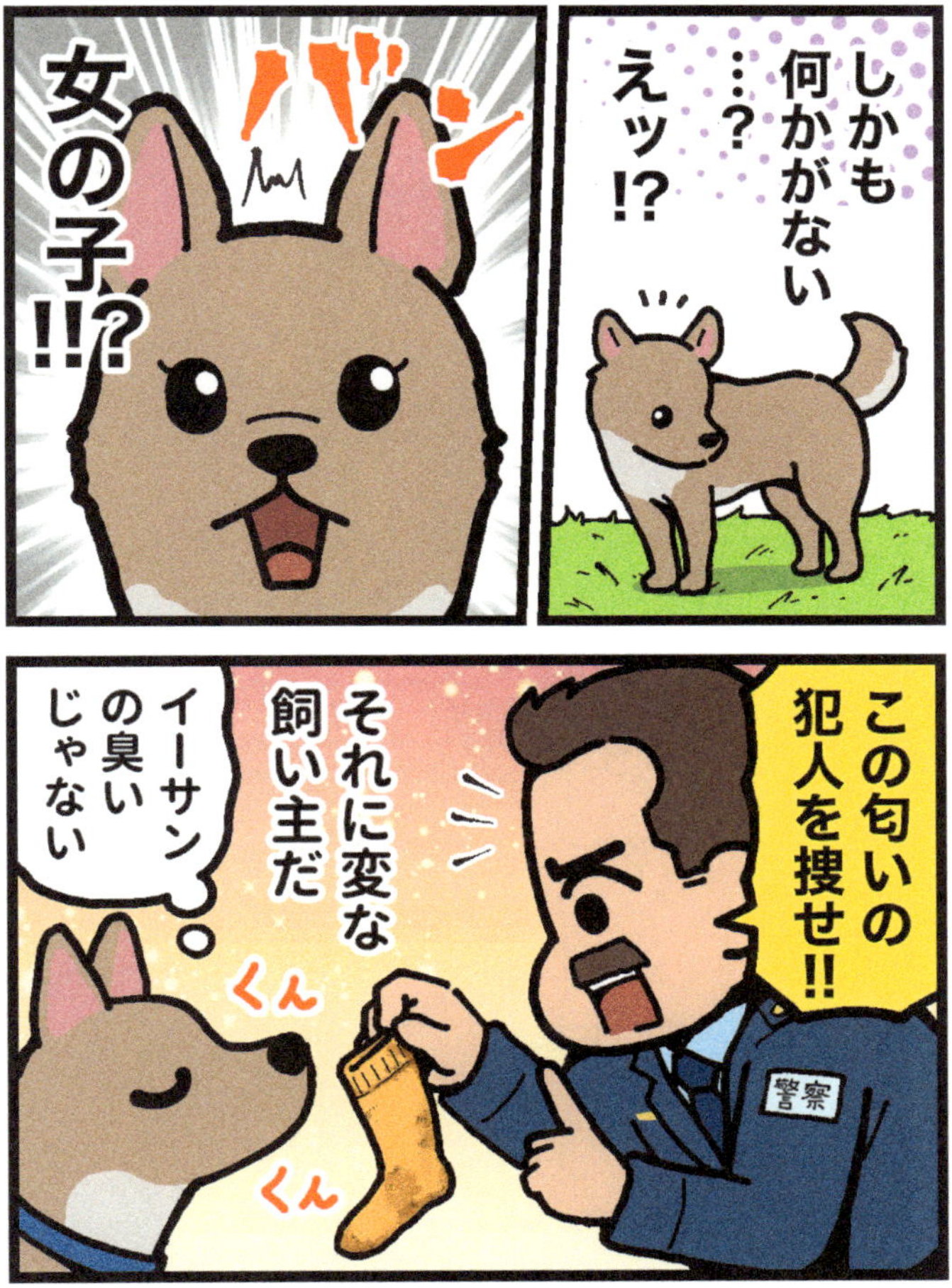
しかも何かがない…?
えッ!?
バン
女の子!!?
この匂いの犯人を捜せ!!
それに変な飼い主だ
イーサンの臭いじゃない
くん
くん
警察

生まれ変わっても君に会いたい。

くわしくは 210 ページへ

ボブという名の猫 幸せのハイタッチ

僕はシンガー
えき
ビューティフ〜
ビューティ…
うるせぇどっか行け
家はない
幸運なことに住居の支援をもらえた
じ〜ん
すげぇ…お湯が出る…!!
最高〜…
ガサゴン
だッ誰だ!?
わッ!!猫かよ
ニャ〜
ドン
野良猫かな!? まぁそのうちどっか行くだろ
次の日
ニャー
僕はライブに行くから好きにしてな
バス
ん?
サッ

絆の強さ
★★★★★

猫との出会いで変わり始める人生。

あッ ついて来ちゃダメだろ!!
ドン
まぁかわいい〜
いい子ね〜
まったくおとなしくしてるんだぞ…
ニャー
ビュ〜ティフ〜♪
え
猫ちゃんだ
かわいい〜
ワー
ワー
えっ…
猫だ!!
こっち見て〜
フフ…

くわしくは
211 ページへ
<<<

プーと大人になった僕

君たちのことは絶対に忘れない
彼はプーたちに別れを告げた
時は流れ
あ～忙し忙しいッ
旅行カバンをつくる仕事
大人になった彼は仕事に追われていた
ただいま…
また残業で遅くなった
おかえり….
やぁ起きてたのかい
ガチャ…
あッパパ週末は一緒に遊ぼうね!!
ごめん…急に仕事が入ったんだ
そっか…
ズ～ン
もう寝るね…

心に沁みる
★★★★★

仕事に疲れた大人へ。

週末
ブーン
楽しんできて…
はぁ〜…
娘との約束守れなかった…
ガク…
仕事も行き詰まってるし…
一体僕はどうすれば… ん?
ゴソ…
クリストファー・ロビン…?
ちょみん
プー!?
えッッなんで!?
ウソだ…
ストレスで変になったのか…ッ!?
ズズ
ズ
?
ねぇ…
僕に会えてうれしい?
パ〜
………

くわしくは
212ページへ
<<<

パディントン

はじめてロンドンに来たクマに人々は冷たかった
パディントン駅
家を探してるんですが…
スタ
スタ
邪魔だ
………
お困りですか?
ウチに来る?
クマはやめとけ
こうして一時的に家に招待されたクマ
行くぞパディントン
パディントン
きっぷ
何これ…?
改札を知らない
ほら早く来い
はい…
ぶヘッ
ガコッ
パディントン!?

笑い泣き
★★★★★

パディントンから目が離せない。

くわしくは
213ページ
<<<

どうやって乗るんだコレ…？
初のエスカレーター
ん？
ゴゴゴ…
注意
「犬は抱えて」乗りましょう
「犬は抱えて」？
なるほど
これでヨシ
おい
人の犬
ウチの犬を返せ〜ッ!!
ドン
ん？
右側に立って
今度は右側に立って…？
あッいた!!
スゥ…
探したぞ パディ……ん??
パディントンッ!?!?
ヨシ
ワン!
犬返せーッ!!!
右に立ってる

いろんな犬の人生が見られて楽しい

『僕のワンダフルライフ』

健気さ

★★★★★

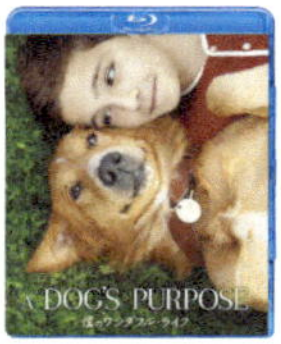

Blu-ray & DVD 発売中
発売元：NBC ユニバーサル・エンターテイメント

これは犬が主役の映画です。大好きなご主人がいるんだけど、犬のほうが寿命で先に死んでしまう。もう一度ご主人に会うため、犬はまた別の犬に生まれ変わって……という映画です。その健気《けなげ》さですでに泣けますね。

いろんなパターンの犬の人生・犬生《けんせい》が、テンポよく見られるのが楽しさの1つです。たとえば警察犬になってバディと一緒にアツい犬生を送ったり、恋する乙女のペットだったり、悲しい飼われ方をされるときも……。そうやっていろんな犬生を乗り越えて、再び大好きなご主人に会うことはできるのか……!? これは涙なしには見れんでしょ!

僕は小学生の頃にポメラニアン(仮名:ポメ)を飼っていたので、それと重ねちゃって涙が止まらない。ポメが病気で死んじゃいそうになったとき、どんどん弱っていくポメを見るのがつらすぎて大泣きしてたんです。それを見たポメが、「大丈夫だよ」って言うみたいに僕に寄り添ってくれたのを思い出しちゃって。犬好きが見たら、こんな感じでもう……ね?

でも「犬好きじゃなくてもめっちゃ泣きましたよ」ってコメントをXでもらったので、全人類号泣必至の映画だと思います。

すばらしい猫映画、あります

『ボブという名の猫　幸せのハイタッチ』

絆の強さ

★★★★★

ブルーレイ& DVD 発売中／
デジタル配信中

プロのミュージシャンという夢が破れ、ホームレスとなり、人生のどん底だった青年・ジェームズ。しかし1匹の野良猫・ボブと出会ったことで、彼の人生が好転していくというストーリー展開が気持ちいい！

　見どころはなんといってもジェームズとボブの最高のパートナーっぷり！　飼い主とペットという垣根や種を超えた絆で支え合っているところが泣けます。

　僕は、ボブの気持ちを勝手に想像して超感動！　2人がはじめて会ったとき、ボブはケガをしてたんですが、ジェームズはお金がないのにボブを病院に連れていきます。その後、ボブはジェームズのあとをついてくるようになって……それはもちろん、路上ライブにも。その様子が徐々に世間の注目を集めるのですが、ボブは自分を救ってくれたジェームズへ恩返しのためにやってるのかも、と考えると……（涙）。

　じつはジェームズは薬物依存症で、更生するために奮闘するシーンがあります。この映画には貧困や薬物依存症など、リアルな社会問題も描かれていて、「2人の絆マジ最高！」「猫かわいい」というだけの映画じゃないのが、また深くておもしろいです。

プーさんの言葉が刺さらない大人はいない！

『プーと大人になった僕』

心に沁みる

★★★★★

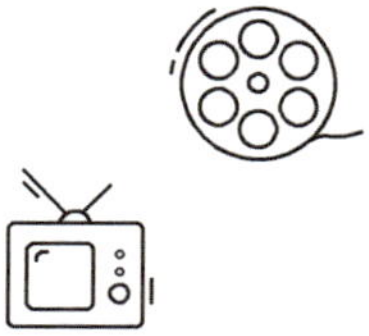

むちゃくちゃ泣いたし、尋常じゃないくらいすべてが刺さって……。「ぜひ紹介したい！」と思い、漫画にしました。

この映画の紹介漫画を投稿した際、「21時帰宅でハードワーカー扱いされたことに違和感を覚えた日本人がたくさんいたのが怖い」というコメントが届き、それに多くの「いいね」がついていました。ここからもわかるように、日本人って働きすぎなんですよね。そんな、毎日働きすぎて仕事に疲れた人にぜひ見てほしい、全大人に刺さる映画です！

大人になったクリストファー・ロビンは、家族との時間もつくりたい、でも仕事を頑張らないといけない……と悩みながら忙しい日々を過ごしています。多忙な彼にプーさんがかける言葉のひとつひとつが胸に沁みて……。純粋な心とあどけない瞳でそんなこと言われたら日々の疲れが取れますし、涙なしでは見られなくなってしまいますね。

劇中のプーさんの言葉で、「僕は〝何もしない〟を毎日やっているよ」という名言があるんですが、トイレに行くにもスマホをもっていって何かしらしてないと落ち着かないような僕には、ひときわ心に響いた名言でした。

畳みかけるような かわいいと、ギャグ！ 『パディントン』

笑い泣き

★★★★★

Blu-ray & DVD 発売中
発売元：キノフィルムズ／木下グループ
販売元：ポニーキャニオン

とにかくパディントンがかわいい！　そしてストーリーは笑えるところが盛りだくさん。毎秒笑わせてくる、畳みかけるようなギャグが見てて楽しいです。子どもでも2時間飽きずに見られます。老若男女が楽しめて、かわいさと笑いで癒やされる作品です。

　この映画は1と2があって、僕は2のほうが好きなんですよね。2から見ても楽しめると思うんですが、両方見てほしいし、1を見たら2も絶対見たくなるという確信があって、今回はあえて1を紹介してます。

　でも僕が一番好きなシーンは『パディントン2』なんです。パディントンが刑務所に入れられるシーンでめっちゃ笑いました。いかつい囚人のなかにかわいいクマがいるっていうギャップがまずおもしろいんですけど、パディントンが囚人服を洗濯して、本来白黒の服をピンクにしちゃうシーンが一番笑いました。「かわいいな（笑）」って気持ちや「なんでそうなるんだよ！」っていうツッコミで胸いっぱいに。そして、じんわり涙があふれます。

　こんな感じで、2作品通してパディントンがほっこり笑える数々のハプニングを巻き起こしてて、目が離せないです（笑）。

Q 映画は年間何本くらい見る？

年間200本くらい

2023年は200本を超えていました

Q 好きな俳優は？

役所広司さん

演技力がすごい。海外だとバリー・コーガンさんが好き。独特な雰囲気に惹きつけられる

Q 制作時間が一番かかった映画紹介漫画は？

『RRR』

濃厚すぎる熱量を収めきれず、ネームで何度も挫折した。逆に一番早く描けたのは『セッション』。1作目だったから気負わず描けた

PART

6

ゾッとして涙が出る怖い・ホラー映画

新感染 ファイナル・エクスプレス

娘が別居中の妻に会いたいと言うから
発車します
ん？
高速鉄道で妻のもとへ
別の車両
お客様？大丈夫ですか!?
ウゲッ…
キャー!!
ん…？なんだか騒がしいな
!?
ウガァ
ドドン
怖ッッ何あれ!?
うわぁぁぁ
逃げろッ
ザザー
はぁ
はぁ
バーン
なんとか助かった
バン

家族愛
★★★★☆

ノンストップの恐怖体験!!

くわしくは
224 ページへ
<<<

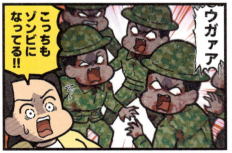

NOPE／ノープ

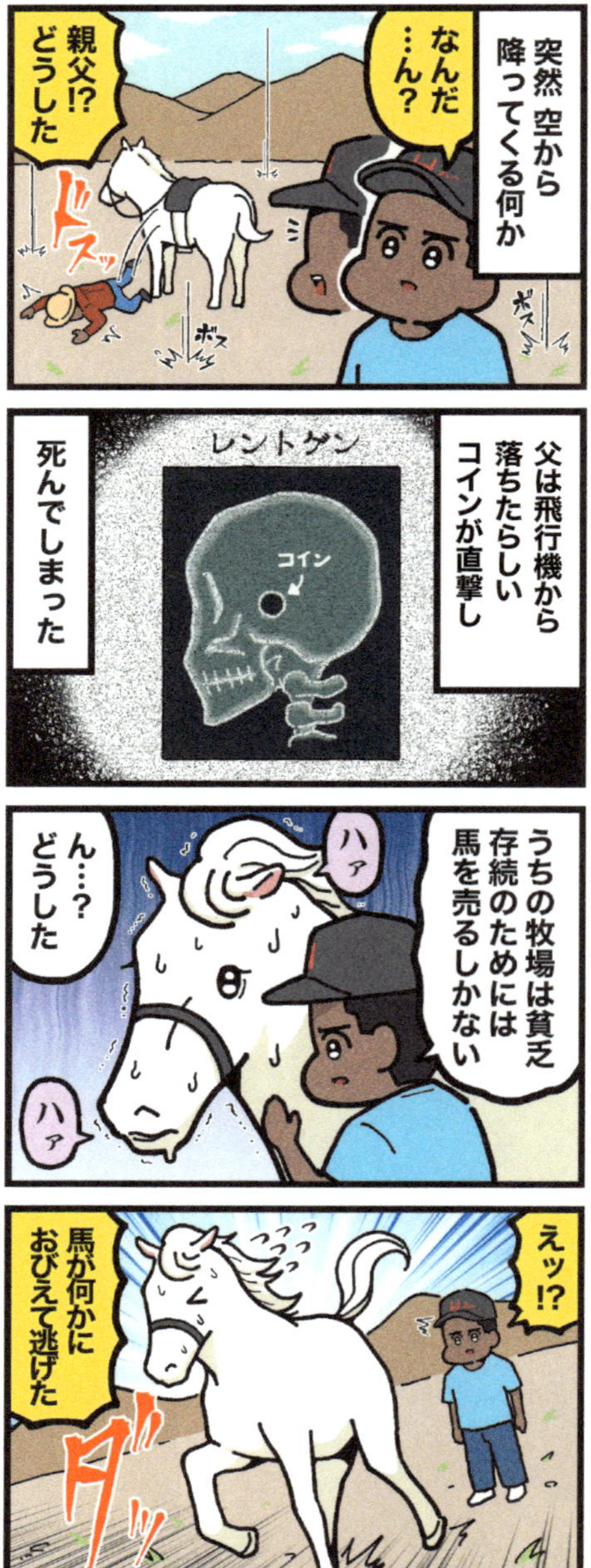
突然 空から降ってくる何か
なんだ…ん？
ボスッ
ボス
ドスッ
親父!?どうした
父は飛行機から落ちたらしいコインが直撃し
レントゲン
コイン
死んでしまった
うちの牧場は貧乏存続のためには馬を売るしかない
ハァ
ん…？どうした
ハァ
えッ!?
馬が何かにおびえて逃げた
ダッ

トラウマ
★★★★★

なんだってんだ…
え!?
ビュン
今…一瞬
UFOいた??
ドン
UFO見たかも…
妹
兄貴マジ!?超チャンスじゃん!!
は?なんで
それ撮影して映像を売れば
ヨッシャー
大もうけして牧場を立て直せる
…
早速カメラ買うぞ~!!

そして巻き起こる衝撃と恐怖。

くわしくは
225ページへ
<<<

シックス・センス

私は小児精神科医で
多くの子どもを救ってきた
しかし1年前…
過去の患者が
私の前に現れ自殺
……
や…やめろ
救ってくれ
なかった…
パン
私は彼を救えてなど
いなかったのだ——
今回診る少年は
そんな彼と似ていた
やぁ
スゥ
先生…
先生じゃ
僕を救えない
少年はまわりから
不気味がられ
心を閉ざしていた

伏線回収
★★★★★

あの事件以降 妻は私にそっけない
今回の子は難しそうでさ
し〜ん
………
私は少年を救うことでトラウマを払拭《ふっしょく》しようと決意した
やぁ
ども…
先生…
僕の秘密を教えるね
秘密？
死んだ人が見えるんだ
ゴゴゴ
え…!?
それはよく出るのかい？
うん
しょっちゅうさ――…

2人の魂の交流が始まる。

くわしくは
226ページへ
<<<

ハッピー・デス・デイ

パーティで男たぶらかしに行くぞ〜♡
いえ〜い
ゴゴゴ
・・・・
グサッ
えッ!?
殺人鬼に刺された!?
キャー!! ってあれ?
ガバ
おはよう
昨日寝た男の部屋に戻ってきてる!? ラッキー!!
別の道からなら殺されずにパーティ来れたわ
ズン
最高〜!!
ズン
・・・・

ギャップ
★★★★☆

どうにでもなれ。

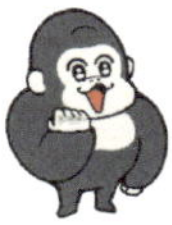

くわしくは
227 ページ
<<<

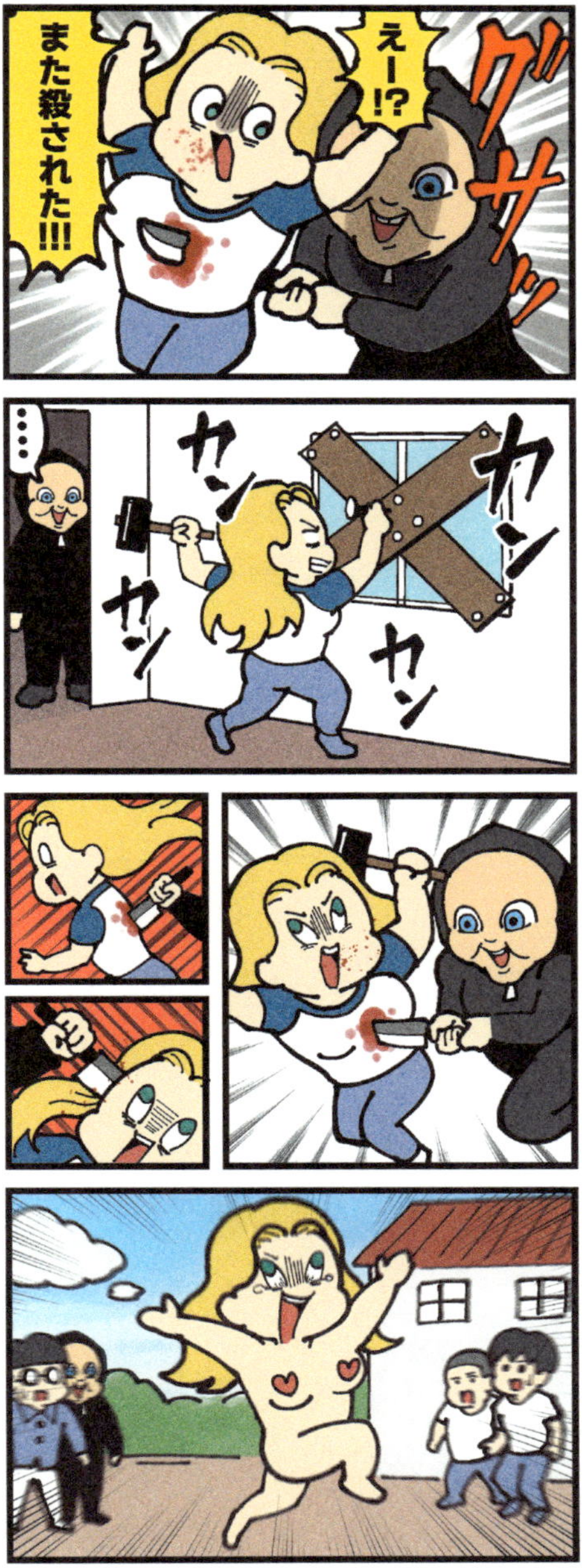
グザッ
えー!?
また殺された!!!
……
カン
カン
カン
カン

ゾンビのビジュと演技がリアルすぎ!

『新感染 ファイナル・エクスプレス』

家族愛

★★★★☆

4K ULTRA HD + Blu-ray(2枚組)発売中
発売・販売元:ツイン

この映画は、高速鉄道の車内で謎の感染爆発が起こる話です。感染者はゾンビとなり、ほかの乗客たちを襲って……。密室でどう生き残るか? というシチュエーションがドキドキ感があっていいですね!

ゾンビの特殊メイクや動きも、鬼気迫るものがありました。この映画以外にも韓国発のゾンビ映画やドラマの人気作品が生まれて、「K(韓国)ゾンビ」ってジャンルも生まれたみたいです。

パニック映画って、友達とワイワイしながら見ると楽しいですよね。でもこの映画はB級映画って感じではないんです。もちろんB級映画もおもしろいですが、泣けるような映画はないんじゃないかな。でもこの映画は「家族」ってテーマに沿って話がしっかり展開されるので、見応えたっぷりで、奥深いです。

登場人物のなかで僕が一番好きなのが、サンファです。見た感じすっごく強面《こわもて》でガタイがいい男なんですけど、奥さんに尻に敷かれてるところがかわいい。でも、ここぞというときには、そのたくましい腕でゾンビを蹴散らしていく頼れる存在! 妊婦の奥さんを守りたいんです……そんなん、惚れてまうやろ!

チンパンジーがトラウマになるレベル『NOPE／ノープ』

トラウマ ★★★★★

発売元：NBC ユニバーサル・エンターテイメント

『NOPE』の独特な謎めいた空気感が最高。大好物ですね！

　僕は物語に引き込まれる要素として、謎ってかなり大きいと思っていて、「どういうことなんだろう」って感じる謎を張られると、すごく気になってワクワクして見ちゃいます。この謎があと2時間後には解き明かされるのかという期待もありますしね。

　ただこの映画は、謎は謎のまま。でもそれはそれでよかったと思います。謎って解明されちゃうと一気に魅力がなくなるので。結局なんだったんだ……って余韻があるのも素敵でした。

　あと、この映画はマジで怖かったです。映画館で一番ビビりました。IMAX®カメラで撮影された作品だそうです。僕は通常で見たんですけど、IMAX®で見た人はかなりクリアでリアルな映像と音響だったはず……。「あれよりもっと？」って思うとゾッとしますね。

　チンパンジーがある男性のトラウマとして登場するんですが、それがマジで怖い。返り血まみれのチンパンジーが画面いっぱいに映るシーンは、「あ。殺される」って思って、僕もトラウマになりそうでした。

とにかく伏線回収がすごい！ネタバレは絶対にくらうなよ『シックス・センス』

伏線回収

★★★★★

黙秘します。『シックス・センス』に関しては何も言いません。言いたくありません！この映画はネタバレをくらうと何も楽しめないので、事前情報なしで見て。絶対。

僕が映画紹介漫画を描くときは、ネタバレになりにくい冒頭30分くらいを切り取ることが多いんです。なのにこの映画は冒頭が丁寧に描かれすぎていて……。漫画にするのにかなり苦労しました（泣）。展開の速い映画に慣れている人は退屈に思ってしまうかもしれないけど、1時間過ぎた辺りからめちゃくちゃおもしろくなるので、挫折せずに絶対に最後まで見てほしいです。

ネタバレにならないように話すとすれば、「ホラーが苦手な人も見て！」ってことですかね。確かに幽霊が出てくるシーンはビクッて驚いたりするんですけど、それ以上に感動ものでもあるんですよ。なのでホラーだからって敬遠している人にも勇気を出して見てもらいたい（ただしグロテスクな描写はあります）。

余談ですが、霊能力者の方にどの映画の幽霊が一番リアルかと聞くと『シックス・センス』を挙げるらしいですよ（じゃあ絶対怖いじゃん）。

バイオレンスと笑いのベストマッチ！

『ハッピー・デス・デイ』

ギャップ

★★★★☆

発売元：NBC ユニバーサル・エンターテイメント

ジャケットはめちゃくちゃ怖そうなんだけど、じつは笑える。マスクを被った謎の人物に女子大生のツリーが殺され、誕生日の1日を無限にループするというお話です。

タイムループものによくある、1周目でいろんなハプニングに見舞われ振り回されるけど、何周もしていくと、次に起こるハプニングを把握しているので、華麗に対処していくという気持ちよさ。序盤はこれが味わえて、最高！

「一体犯人は誰なのか!?」というサスペンス要素はもちろん楽しいけど、ツリーがだんだん死ぬのに慣れて、ヤケクソになっていくところがおもしろくて好き。ティーンが友達と見たら、マジで盛り上がる映画だと思う！

最初はツリーのことをウザいと思ってました。でも、彼女が死ねば死ぬほど、不思議と愛着が湧いてくる（笑）。早く解決するといいねって応援したくなる。そこもおもしろかったです。

僕の映画紹介漫画ではじめてバズったのがこの作品でした。主人公がテンポよく殺されるバイオレンスな部分と笑いのバランスが漫画といい感じにマッチして、おもしろく紹介できたなあと自分でも思っています！

女王陛下のお気に入り

18世紀イングランド
どうしましょ
女王
戦争ね
病弱な女王を裏で操っている女がいた
そこに1人の女が現れる
宮廷で働かせてください！
没落貴族の娘
召し使いならいいわよ
ドン
後日
痛風で足が痛いッ!!
はい よしよし
…
女は薬草を摘んで女王に塗った
ZZZ…
炎症に効きます
ヌリ
ヌリ
コラッ 何してる
やっ
薬草を…
ビクッて

ハラハラ
★★★★☆

女王の寵愛《ちょうあい》をめぐり火花を散らす。

勝手なことを…
ギロッ
ムチ打ち
6回の刑よ!!
え!?
次の日
コホン
コホン
ん?
私の前で
咳《せき》――?
ごめんなさい
薬草を摘んだら
風邪になり…
まぁ
あなたが
あの薬草を!!
おかげで足の
痛みが引いたわ
ありがとね
名前は?
アビゲイル
です
ゴゴゴ…

くわしくは
236 ページへ

FALL／フォール

クライミング中に夫が転落死してしまう
ドン
うわぁぁぁ
1年後 彼女は立ち直れずにいた
ズーン…
友人
久しぶり
遺灰
恐怖を克服するために
挑戦しよう
え？
600メートルのテレビ塔に登る
ドン
それで
頂上から夫の遺灰をまくの!!
は…
無理無理 無理…ッ
絶対に登らない
ブルブル
登った
行くよ ついてきて

リアリティ ★★★★★

高所恐怖症じゃなくても閲覧注意。

くわしくは
237 ページへ
<<<

ミッドサマー

彼女はある日突然大切な家族を失い
はッはッ
ガッ
大丈夫!?
そのトラウマで苦しんでいた——
そんな中、大学生5人でとある村へ旅行に行く
ついた!
お〜
そこでは90年に1度の祝祭が開かれる時だった
ステキな村
パー
さぁ
儀式が始まるよ
村出身の友達
老人2人が運ばれてる
なんで?
見ててごらん
ポツン…
崖の上に行って何するんだろ?

ドロドロ
★★★★★

狂気の祝祭が始まる。

スッ
え
グシャ
…えっ 何…？
サッ
うわッ
もう1人も飛んだぞ!!
ドン
ぶぉ～アアー～
プル プル
足から落ちてまだ生きてる
助けを…ッ
ゔぉ～ァア～
何…!? この村
ゾゾゾ…

くわしくは
238 ページへ
‹‹‹

セッション

今日からウチのバンドに入る新人だ！
先生
若き天才かもしれません
パチ
パチ
新人！焦らずがんば
いくぞ
ウッス
あっと言わせたる…
さぁ俺の美技に酔いな!!
ドン
ダ
ド
はいストップ
新人テンポ数えて
え？あ、はい
？
1・2 3…

狂気 ★★★★★

初日でコレ。

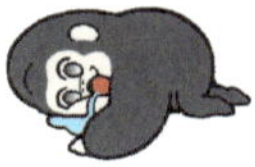

くわしくは
239 ページへ
<<<

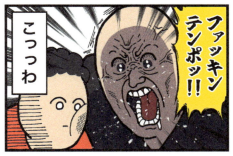

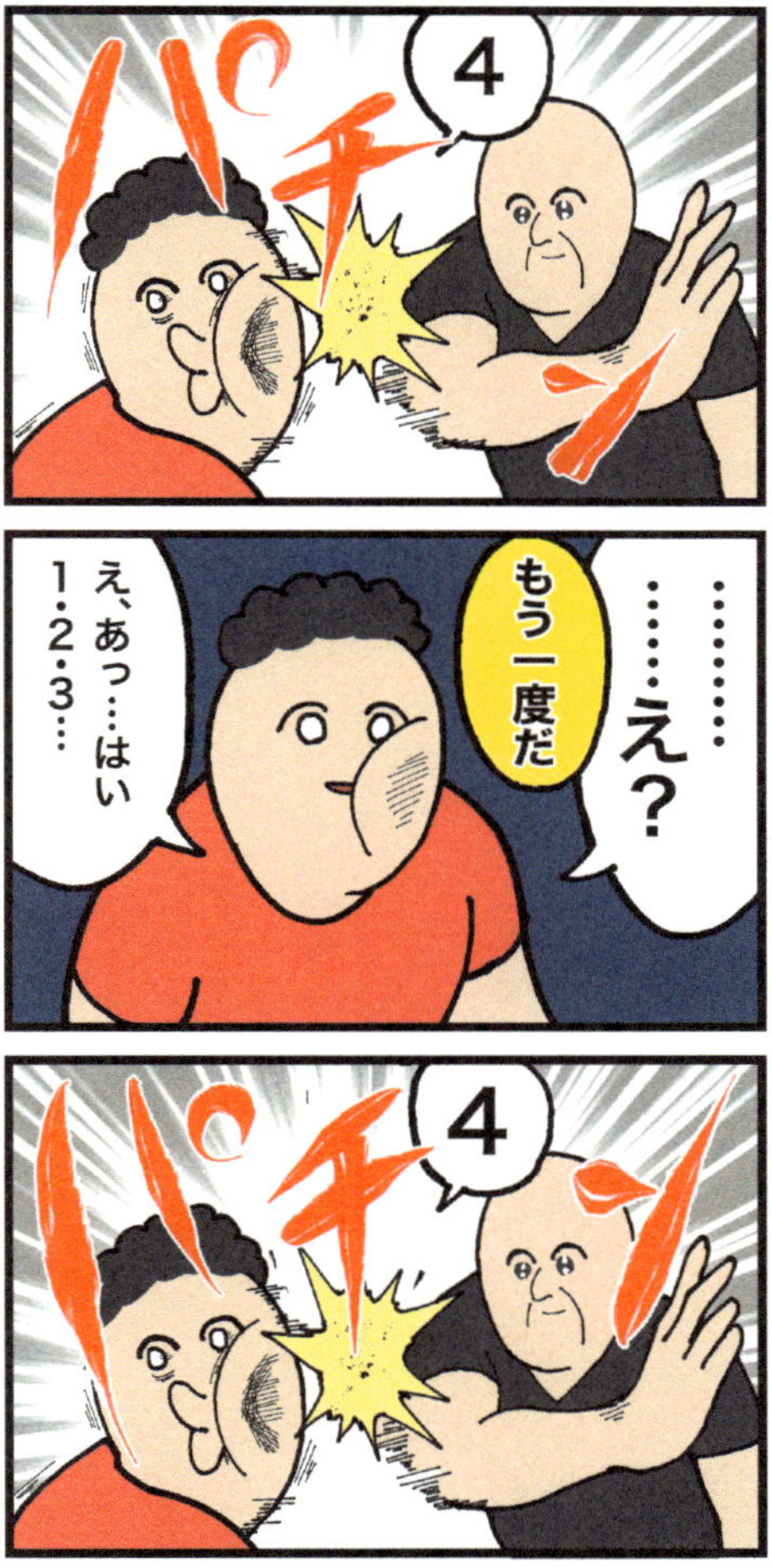
パチ
4
……え？
もう一度だ
え、あっ…はい
1・2・3…
パチ
4
ファッキンテンポッ!!
こっわ

毒々しい女の戦いに男の僕は涙目

『女王陛下のお気に入り』

ハラハラ

★★★★☆

人間関係の嫌〜な部分をおもしろく描いた癖強の映画を多く出しているA24の作品を見《み》漁《あさ》っていて出会ったのが、この作品。『ミッドサマー』（232ページ）もA24で、本書のテーマが「泣ける」でなければ、もっと紹介したかったくらい好きな製作会社です。ホラー映画で怖くて泣けるみたいなことはそこそこあると思うんですけど、この映画は「女たちの争い」が毒々しくて怖い。

イングランドを統治するアン女王の寵愛を受けるため、女官のサラと侍女のアビゲイルの2人が激しい火花を散らすというお話。ハラハラ！　ドキドキ！　目が離せない！　計算高っ、マジ怖ぇ〜って感じで、このブロックに選びましたね。

華やかな王室や美しい衣装、美術はとにかく豪華で見応え抜群。でも逆にそれらが女たちの醜悪さを引き立てていて……恐怖。

アン女王、サラ、アビゲイルを演じた3人の役者さんの演技がすごい！　アビゲイルが女王の気を引くため、あの手この手で策を打つんですよね。すると女王の意識が移っていくんです……。3人の関係性と彼女たちの心境の移り変わるようすが、演技でうまく表現されていました。

あ、死ぬかも。ってなる映像技術に手汗やばい『FALL／フォール』

リアリティ

★★★★★

こういうワンシチュエーションものってたまに見たくなるときがあって、たまたま選んだんですが、超怖かった。

もう使われなくなった地上600メートルのテレビ塔に登るっていうお話。画面越しなのに、「落ちて死んじゃうんじゃないか」と思って、怖すぎて一度見るのをやめました（笑）。もし映画館で見てたらやばそう……。

主人公・ベッキーと、親友のハンターの2人でテレビ塔を登るんですが、先を登るハンターの服装が結構露出度高めなんですよね。ベッキー目線の映像だから下からのアングル……男目線ですが、それがエッチで、こういう映画に合ってるなと。スリラー映画って、セクシーシーンとか、エッチなおねえさんとかが付き物じゃないですか（笑）。

これは、友達と一緒に見ると盛り上がりそうな映画ですね。下りられなくなった状況でどう生還するかを考えながら見るのもおもしろいし、ちょこちょこ脱出に使えそうなアイテムや要素が散りばめられているので、自分だったらこうする！と、話しながら見るのが楽しそう。僕だったらどうするかって？僕はまず、そんなところに登らないです（笑）。

Blu-ray ＋ DVD 好評発売中
デジタル配信中
発売元：クロックワークス
販売元：ハピネット・メディアマーケティング

この世のいろんな「嫌」が詰まってて好き『ミッドサマー』

ドロドロ

★★★★★

とにかくずっと嫌だなって感じの映画。主人公・ダニーを取り囲む人間関係が最悪。「わかる〜」って共感できる嫌さがありました。

僕は普段、家で1人で漫画を描いているので、人間関係で嫌な思いをすることが少ないから、嫌なことに飢えてるんでしょうね。だから、映画で嫌な人間関係を見ると楽しい。人間はないものねだりなので（笑）。

それに加え、この映画ではカルト宗教の胸糞なところも盛りだくさん。この世にある、ありとあらゆる「嫌」がてんこ盛りでした。嫌なもの、全部のせ。

印象的なのは、アリ・アスター監督の豪華な人体破壊描写。村で儀式が行われると聞き、気になってついて行くと、崖の上には村人が集まってて、みんなが見てるなか、老人2人が飛び降りるんです。一気に「この村やっば……」って引き込まれました。

飛び降りた人がまだ死んでなくて、それを殺すためにでっかい木《き》槌《づち》みたいなので頭を潰すんですけど、それを見ていた村人たちが一斉に唸《うな》るシーンも「こっわ」ってなりました。これには意味があるんですが、そこはインパクトが強烈で記憶に残ってます。

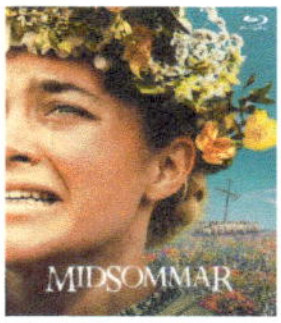

Blu-ray & DVD 発売中
発売・販売元：TC エンタテインメント

ファッキンテンポ!! 鬼教師にもほどがある

『セッション』

狂気

★★★★★

Blu-ray & DVD 発売中
発売：カルチュア・パブリッシャーズ
販売元：ギャガ

鬼教師・フレッチャーがマジで怖すぎる。主人公のニーマンが彼のレッスンを見学するシーンの指導が激こわ。「お前もドラムたたいてみろよ」って言われて、ニーマンはいきなりドラムをたたかされます。初対面だし大丈夫みたいな雰囲気出てたのに、そんなの無視してキレられてました（笑）。

まさに狂気の指導です。それに対して必死に食らいつくニーマンも、また狂気。狂気と狂気がぶつかり合ってやっぱい化学反応が起こって、おもしろい！　音楽学校でジャズを教わるだけの話なのに、なぜこんなにバイオレンスになれるんだ？　怖い。

フレッチャーがビンタをして、ニーマンにリズムの取り方を教えるところが印象的。それでもできないニーマンに「ファッキンテンポ!!!!」ってぶちギレてて、やばすぎ……とおびえました。

以前の漫画連載が終了し、行き詰まってたときに、新型コロナにかかったんです。やることもなく映画を見始め、1、2本目に見たのがこの作品でした。おもしろすぎて衝撃を受けたのを今でも覚えてます。映画紹介漫画の1作目がこの映画で、映画沼に引き込んでくれた作品でした。

泣《な》ける映《えい》画《が》大《たい》全《ぜん》

2024年９月26日　初版発行

著者／大友《おおとも》しゅうま

発行者／山下直久

発行／株式会社KADOKAWA
〒102-8177　東京都千代田区富士見2-13-3
電話 0570-002-301（ナビダイヤル）

印刷所／株式会社KADOKAWA

製本所／株式会社KADOKAWA

●お問い合わせ
https://www.kadokawa.co.jp/（「お問い合わせ」へお進みください）
※内容によっては、お答えできない場合があります。
※サポートは日本国内のみとさせていただきます。
※Japanese text only

定価はカバーに表示してあります。

ISBN 978-4-04-606971-9　C0074

◆◇◇